21世纪经济管理新形态教材·营销学系列

酒店网络营销实务
——酒店·宾馆·客栈·民宿营销管理

刘昭晖 ◎ 编著

清华大学出版社
北京

内 容 简 介

本书分为在线电商平台、自建电商平台和网络营销案例三篇，包括酒店业电商平台运营、民宿电商平台运营、论坛攻略营销、独立网站运营、酒店新媒体营销和酒店业网络营销案例六个项目。本书以酒店企业如何开展网络营销为例，为酒店营销从业者提供网络营销思路及实操指导，以助酒店业搭上新零售的快车。本书提供扩展阅读材料，帮助学习者和从业者边学边练，配有教学大纲及PPT课件，方便教学使用。

本书适合作为高等院校酒店管理、旅游管理、电子商务和市场营销专业及相关专业的教学用书和参考用书，也适合作为酒店行业从业者开展网络营销活动的参考书或政府、企业的培训用书。

本书封面贴有清华大学出版社防伪标签，无标签者不得销售。

版权所有，侵权必究。举报：010-62782989，beiqinquan@tup.tsinghua.edu.cn。

图书在版编目(CIP)数据

酒店网络营销实务：酒店·宾馆·客栈·民宿营销管理 / 刘昭晖编著．—北京：清华大学出版社，2022.5

21世纪经济管理新形态教材．营销学系列

ISBN 978-7-302-60640-6

Ⅰ．①酒… Ⅱ．①刘… Ⅲ．①饭店业－网络营销－高等学校－教材 Ⅳ．① F719.3

中国版本图书馆 CIP 数据核字 (2022) 第 067198 号

责任编辑：刘志彬　付潭娇
封面设计：汉风唐韵
版式设计：方加青
责任校对：宋玉莲
责任印制：丛怀宇

出版发行：清华大学出版社
网　　址：http://www.tup.com.cn, http://www.wqbook.com
地　　址：北京清华大学学研大厦A座　　邮　编：100084
社 总 机：010-83470000　　邮　购：010-62786544
投稿与读者服务：010-62776969, c-service@tup.tsinghua.edu.cn
质 量 反 馈：010-62772015, zhiliang@tup.tsinghua.edu.cn

印 装 者：三河市铭诚印务有限公司
经　　销：全国新华书店
开　　本：185mm×260mm　　印　张：17　　字　数：330千字
版　　次：2022年6月第1版　　印　次：2022年6月第1次印刷
定　　价：55.00元

产品编号：095349-01

序　言

　　2021年10月18日，中共中央总书记习近平在主持政治局集体学习时强调：近年来，互联网、大数据、云计算、人工智能、区块链等技术加速创新，日益融入经济社会发展各领域全过程，数字经济发展速度之快、辐射范围之广、影响程度之深前所未有，正在成为重组全球要素资源、重塑全球经济结构、改变全球竞争格局的关键力量。

　　数字营销作为数字经济的重要组成部分，正在各行业、各领域发挥积极作用。所谓数字营销，就是指借助于互联网络、电脑技术、通信技术和数字交互式媒体来实现营销目标的一种营销方式。数字营销将尽可能地利用先进的计算机网络技术，以最有效、最省钱的方式谋求新的市场的开拓和新的消费者的挖掘。数字营销是使用数字传播渠道来推广产品和服务的实践活动，从而以一种及时、相关、定制化和节省成本的方式与消费者进行沟通。数字营销包含了很多互联网营销（网络营销）中的技术与实践。

　　随着我国旅游电子商务的高速发展，酒店旅游消费渠道逐渐线上化；而互联网的普及与5G技术的发展，使得在线住宿预订行业发展壮大，中国在线住宿预订市场未来提升空间广阔。酒店网络营销就是以国际互联网为基础，利用数字化信息和网络媒体的相互性来达成酒店营销目标的一种酒店新型营销方式。简单地说，是以互联网平台为核心，以网络用户为中心，以市场需求认知为导向，整合各种网络资源，从而实现酒店营销目的的一种行为。

　　数字经济时代的酒店数字营销（网络营销）不仅是一种技术手段的革命，还包含了更深层的观念革命；它是目标营销、直接营销、分散营销、客户导向营销、双向互动营销、远程或全球营销、虚拟营销、无纸化交易、客户参与式营销的综合，是运用数字技术的新型实操行为。为此，有必要以数字营销技术、各类电商平台及其在酒店旅游业的应用为主线，出版《酒店网络营销实务》一书，以满足加快培养具备较强数字营销（网络营销）服务能力的新时代酒店旅游业人才的需求。

由刘昭晖副教授编著的本书，理论分析与实际应用相结合，系统总结与创新探索相结合，国际前沿与中国情景相结合，特别融入了国内外近年来酒店业网络营销和数字营销最新的研究成果，以及实操方法与策略，兼顾前瞻性与通俗性，叙述时力求深入浅出，简明扼要，便于广大读者阅读理解和参照落地应用，是一本很好的应用性教材和实操参考书。

特予倾力推荐。

东华大学—滇西应用技术大学　教授　博士生导师
教育部电子商务教指委　数字资源专家组组长
中央组织部"一带一路"专家咨询团成员
中国云计算应用联盟主席团主席

2021 年 10 月 28 日

前 言

国务院发布的《"十三五"旅游业发展规划》指出,要"大力发展旅游电子商务""推动网络营销、网络预订、网上支付以及咨询服务等旅游业务发展"。《"十四五"旅游业发展规划》指出,要"推进旅游互联网+模式",做好宾馆酒店的网络工程等旅游互联网基础设施建设工作,"打造互联网旅游品牌企业"及"打造智慧旅游产业"。

中国酒店旅游消费渠道逐渐线上化,据艾瑞咨询统计,2020年中国在线旅游市场交易规模预计达 20 283.5 亿元,在线转化率为 43.4%;在线住宿预订行业交易规模预计达 3 168.6 亿元,在线渗透率预计达 42.7%,间夜规模预计达 11 亿间夜,在线渗透率预计达 42.5%。中国在线住宿预订市场日趋成熟,但在线住宿预订行业在线渗透率较低,可见市场空间广阔;在线旅行社(Online Travel Agency,OTA)主要业务的交通票务中机票佣金率为 2% ~ 3%,火车票为 0%,而 10% 左右佣金率的住宿产品仍为 OTA 的核心利润线;酒店预订消费者通常对于品牌及服务体验的忠诚度较高。互联网的普及及5G 技术的发展,使得在线住宿预订行业发展壮大,中国在线住宿预订市场未来的提升空间较为广阔。高星酒店在线渠道通常包括自营官方渠道、OTA,线下渠道则包括团队旅游、商务会议、散客等,由于传统高星酒店在在线预订渠道的布局及运营管理能力均有一定的市场局限性,因此未来高星酒店在线预订量仍将保持一定增长;中低星酒店除连锁酒店品牌外大多无会员体系及自营在线预订渠道,同时也因自身能力限制无法提供商务会议等服务,因此在线预订方式将会更加挤压散客门店预订量,仍有增长空间。

目前,中国在线住宿预订行业市场仍以 OTA 平台为主,市场高度集中在头部企业,携程系(含去哪儿、同程艺龙)占 63.8% 的市场份额,加上美团、飞猪市场份额高达 93%。APP 及小程序等多种入口逐渐出现并升级,使得旅游消费更加随性化、便捷化,用户消费态度及习惯更加成熟。非标准住宿正在挤压传统酒店的市场份额,对 OTA 而言既是机遇也是挑战。"超级 APP+ 小程序"的生态，代表着互联网巨头实现了中心式入口的流量再分配，在涵盖社交、电商、生活服务、自媒体、搜索和支付等多种功能的基础上，完善了整体的闭环生态链。通过大数据，OTA 将不仅为用户提供丰富的旅游信息，还可预测用户的需求，提前制定定制化的出行解决方案并实现产品的配套，提高出行的效率和便利性。

随着大众旅游时代的来临，酒店市场越来越繁荣，竞争也越来越激烈。酒店服务做得再到位，品质提得再高，也需要通过渠道促销和推广来吸引客人。在互联网时代，酒店应如何开展网络营销？

本书旨在为酒店营销从业者提供网络营销思路及实操指导，以助酒店业搭上新零售的快车。本书为酒店、宾馆、客栈、民宿的经营者和市场营销部门，尤其是网络营销的开展，提供体系化的网络营销平台建设和推广思路。本书分为三篇：在线电商平台篇、自建电商平台篇和网络营销案例篇。

第一篇　在线电商平台篇

酒店业电商平台运营：携程网、去哪儿网、飞猪、其他 OTA 平台；

民宿电商平台运营：爱彼迎、蚂蚁短租、途家、小猪短租；

论坛攻略营销：马蜂窝、小红书、其他平台攻略营销。

第二篇　自建电商平台篇

独立网站运营：网站建站、搜索引擎优化、搜索引擎推广；

酒店新媒体营销：微信营销、短视频营销、直播营销、其他自媒体营销。

第三篇　网络营销案例篇

酒店业网络营销案例：香格里拉酒店、维也纳酒店、万豪国际酒店、重庆来福士洲际酒店、大理喜林苑客栈。

本书的出版得到了滇西应用技术大学规划教材建设项目的资助和支持；感谢撰写过程中家人、同事、朋友以及学生们的帮助与支持。由于作者水平有限，书中难免有不妥之处，恳请各位专家和读者批评指正。

本书为读者免费提供教学课件和相关教学文件，有需要的读者可以通过邮箱 qhdCinderella@foxmail.com 与作者联系索取，或登录清华大学出版社网站 http://www.tup.tsinghua.edu.cn 下载。相关教材咨询与出版，可以通过 1450691104@qq.com 与编辑联系。

刘昭晖

2021 年 11 月于云南

目 录

在线电商平台篇

项目一　酒店业电商平台运营 ·· 2
　一、项目目标 ··· 2
　二、案例点击 ··· 2
　三、实例任务 ··· 7
　　任务1.1　携程网 ·· 7
　　任务1.2　去哪儿网 ·· 23
　　任务1.3　飞猪 ·· 29
　　任务1.4　其他OTA平台 ·· 33
　四、小试牛刀 ··· 35
　五、他山之石 ··· 35

项目二　民宿电商平台运营 ·· 36
　一、项目目标 ··· 36
　二、案例点击 ··· 36
　三、实例任务 ··· 37
　　任务2.1　爱彼迎（Airbnb） ······································ 38
　　任务2.2　蚂蚁短租 ·· 46
　　任务2.3　途家 ·· 51
　　任务2.4　小猪短租 ·· 56

四、小试牛刀 58
　　五、他山之石 58

项目三　论坛攻略营销 59
　　一、项目目标 59
　　二、案例点击 59
　　三、实例任务 61
　　　　任务3.1　马蜂窝 61
　　　　任务3.2　小红书 78
　　　　任务3.3　其他平台攻略营销 84
　　四、小试牛刀 95
　　五、他山之石 95

自建电商平台篇

项目四　独立网站运营 98
　　一、项目目标 98
　　二、案例点击 98
　　三、实例任务 102
　　　　任务4.1　网站建站 103
　　　　任务4.2　搜索引擎优化 151
　　　　任务4.3　搜索引擎推广 160
　　四、小试牛刀 177
　　五、他山之石 177

项目五　酒店新媒体营销 179
　　一、项目目标 179
　　二、案例点击 179
　　三、实例任务 181
　　　　任务5.1　微信营销 181
　　　　任务5.2　短视频营销 202
　　　　任务5.3　直播营销 215

任务 5.4　其他自媒体营销 ·· 222
四、小试牛刀 ··· 228
五、他山之石 ··· 228

网络营销案例篇

项目六　酒店业网络营销案例 ·· 230
　　案例 6.1　香格里拉酒店 ·· 230
　　案例 6.2　维也纳酒店 ·· 239
　　案例 6.3　万豪国际酒店 ·· 244
　　案例 6.4　重庆来福士洲际酒店 ·· 247
　　案例 6.5　大理喜林苑客栈 ·· 250

参考文献 ·· 256

本书中网站 ·· 257

后记 ·· 258

在线电商平台篇

项目一　酒店业电商平台运营

一、项目目标

1. 掌握携程网、飞猪的运营；
2. 了解去哪儿网、美团、同程艺龙等平台的运营。

二、案例点击

电子商务的成长风头正劲，互联网行业在传统企业中掀起了一股浪潮。李克强总理在第十二届全国人民代表大会上首次将"互联网+"的战略提上国家议程。对于酒店行业等劳动密集型行业，酒店高层良好的运营管理水平是其发展的基石，电子商务是其发展的必然趋势和途径。电子商务在酒店管理中的应用，不同于广义上理解的酒店管理信息系统。电子商务是当今酒店业发展的不二选择。客户可以通过互联网查询酒店信息，对酒店的产品和服务进行订购、对订购的客房进行网上支付、对酒店产品的售前和售后服务进行咨询。

2019年中国在线住宿市场产业链，分为资源端、直销/分销渠道端和用户端。资源端是指各酒店（集团），直销/分销渠道端包括酒店直销、OTA/OTP分销商，用户端即用户，如图1-1所示。

图1-1　2019年中国在线住宿市场产业链

在线住宿平台有锦江之星、格林豪泰、华住等,主要用的电子商务平台有携程、同程、艺龙、途牛等在线旅行社(Online Travel Agency,OTA)模式和飞猪、京东旅行等在线旅行平台(Online Travel Platform,OTP)模式。OTA/OTP 是指旅游消费者通过网络向旅游服务提供商(在线旅行社/旅行平台)预订旅游产品或服务,并通过网上支付或者线下付费,即各旅游主体可以通过网络进行产品营销或产品销售。据艾瑞咨询统计,2018 年我国在线住宿市场交易规模是 2 283.1 亿元,2020 年交易规模达 3 168.6 亿元,如图 1-2 所示。

图 1-2　2013—2020 年中国在线住宿市场交易规模及增速

以赴北戴河旅游的家庭为例,在百度上搜索"北戴河酒店",得到的页面展示结果如图 1-3 所示。

从搜索结果页面可以看出,关于酒店预订的结果中,会出现携程网、艺龙网、蚂蚁短租等字样网站。打开网站后,可以输入目的地、入住日期、退房日期及其他对酒店及房间的要求进行搜索,如图 1-4 所示。

点击搜索按钮后,在携程网搜索结果页面出现所有满足关键词"北戴河酒店"的酒店信息,并以列表形式显示出来。用户可以根据自己的要求,选择是否含早餐、评分、酒店星级、价格等条件进行筛选;可以将搜索结果根据自己关注的重要性进行排序,以欢迎度、好评、价格和星级作为排序标准,重新排序搜索结果,如图 1-5 所示。

用户通过浏览酒店列表页面,根据价格、评分以及主图,得到初步判断,从而点击酒店标题栏或图片进入酒店页面,查看具体房型及价格等信息,如图 1-6 所示。

用户进入某酒店页面,可以看到酒店介绍、图片、地址、点评等信息,如图 1-7 所示。

用户通过网页可浏览房型、价格以及订单取消要求等内容,点击"预订",填写入住信息,便可实现在线下单订房。

图 1-3 百度搜索"北戴河酒店"的结果页面

项目一　酒店业电商平台运营

图 1-4　携程网搜索"北戴河酒店"信息

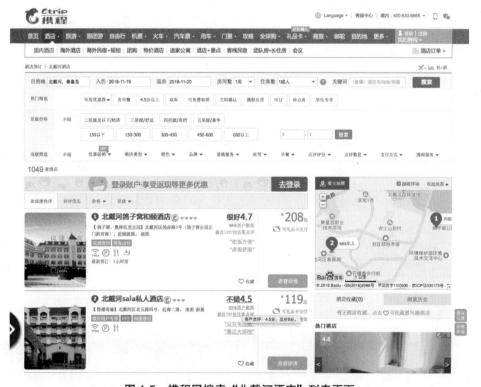

图 1-5　携程网搜索"北戴河酒店"列表页面

图 1-6　携程网搜索"北戴河酒店"某酒店页面

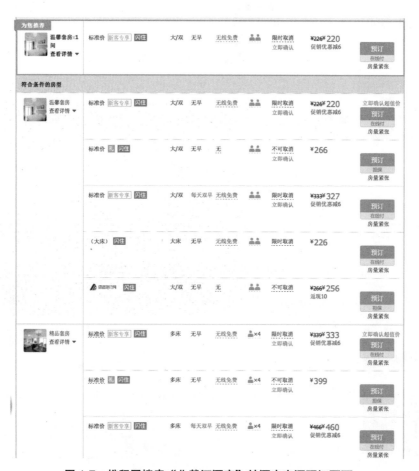

图 1-7　携程网搜索"北戴河酒店"某酒店房源预订页面

项目一 酒店业电商平台运营

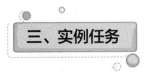

三、实例任务

酒店入驻携程网等电子商务平台,要如何去做呢?携程网是国内OTA行业最具代表性的平台之一,收购去哪儿网和艺龙网后,再加上控股途家、布局民宿行业,实现从高星级酒店到低星级酒店的全方位布局。

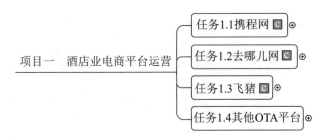

任务1.1 携程网

携程旅行网(以下简称"携程网")创立于1999年,总部设在中国上海。携程网拥有国内外六十余万家会员酒店可供预订,是中国最早的网上酒店预订服务平台。携程网提供酒店预订服务、车票机票订购服务、旅游度假产品、私人向导平台、携程顾问、携程信用卡和携程礼品卡等产品服务。

携程网已在北京、天津、广州、深圳、成都、杭州、厦门、青岛、沈阳、南京、武汉、南通、三亚等17个城市设立分公司,员工超过25 000人。2003年12月,携程旅行网在美国纳斯达克上市。2018年10月,《财富》未来公司50强排行榜发布,携程网排名第四。

1.1.1 入驻申请加盟

入驻操作流程:在线申请→电话审核→上线售卖→补齐材料,如图1-8所示。

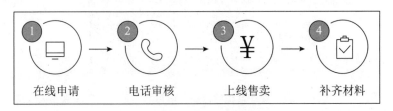

图1-8 携程网入驻操作流程

7

第一步，在线申请。

方法一：打开携程网网站地址 www.ctrip.com。在首页最底端，如图1-9所示，找到"酒店加盟"，点击进入加盟页面，填写联系方式联系人手机和邮箱，申请加盟。

方法二：打开携程网酒店管理系统后台 ebooking.ctrip.com（携程酒店管理系统），点击"申请酒店加盟"，如图1-10所示。

扩展阅读 1.1
携程入驻需要准备哪些资料
案例分析

图1-9　携程网酒店申请加盟

图1-10　携程网酒店管理系统后台

第二步，填写酒店基本信息。

填写酒店基本信息及联系人信息，如图1-11所示。基本信息及联系人信息必须填写真实、有效的内容。

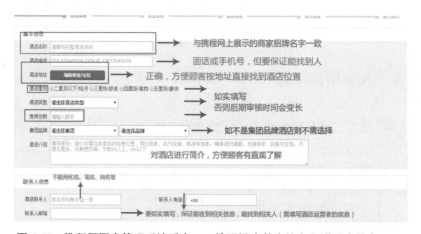

图1-11　携程网酒店管理系统后台——填写酒店基本信息和联系人信息

第三步，填写房型信息。

填写房型名称、房价、入住人数、早餐份数，并上传房型图片，如图 1-12 所示。

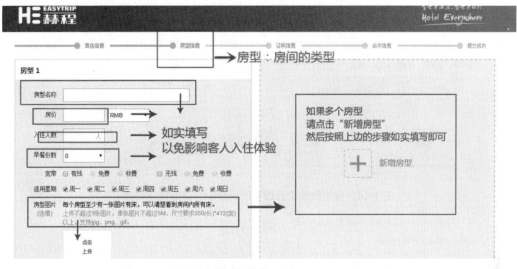

图 1-12　携程网酒店管理系统后台——填写房型信息

第四步，上传证照信息。

填写个人身份证件信息及上传照片、填写营业执照信息及上传照片、填写房产证或租赁合同等证照信息及上传照片，如图 1-13 至图 1-16 所示。其中，酒店类的营业执照为必填项；民宿类的可从营业执照、房产证、租房合同中选择一项填写。

图 1-13　携程网酒店管理系统后台——身份证信息

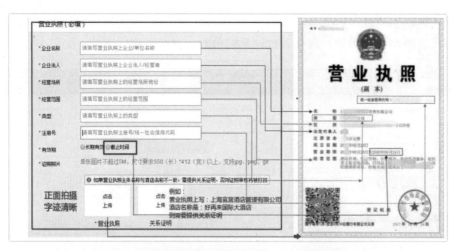

图 1-14　携程网酒店管理系统后台——营业执照信息

图 1-15　携程网酒店管理系统后台——房产证或租赁合同信息

图 1-16　携程网酒店管理系统后台——其他证照信息

第五步，填写合作信息。

填写合作信息，如结算信息、结算账户、上传酒店外观、内景图片等，如图 1-17 和图 1-18 所示。

项目一　酒店业电商平台运营

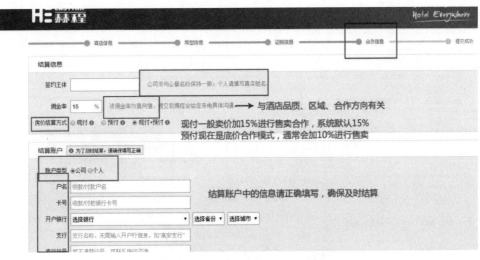

图 1-17　携程网酒店管理系统后台——合作信息（一）

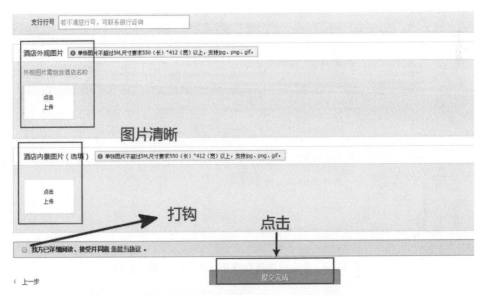

图 1-18　携程网酒店管理系统后台——合作信息（二）

第六步，提交信息。

等待 7～14 个工作日，系统进行信息核实，核实无误后酒店就可以运营。

1.1.2　ebooking 后台管理

在 ebooking 后台，补充合同，如图 1-19 所示。点击【立即去签合同】，可以选择现付或预付合同，如图 1-20 所示。系统会自动分销携程系统预订平台、百度地图、微信小程序，房价和房态与携程网同步。

11

图 1-19　携程网酒店管理系统后台——ebooking 后台首页

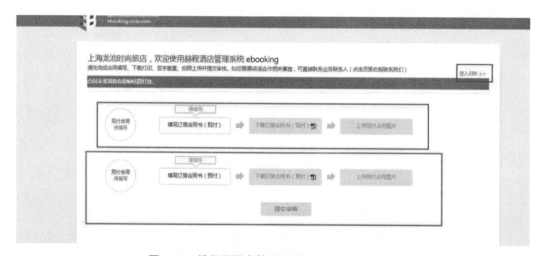

图 1-20　携程网酒店管理系统后台——签署合同

1.1.3　店内商城

携程网调研的数据显示，56% 的国内酒店客人近一年内有过店内消费经历，对餐饮的需求最大。除了餐饮消费，客人对接送服务、下午茶等消费需求也不少。数据显示，94% 携程网的自由行客人会对行程中的饮食提前规划，41% 客人会关注酒店附近的玩乐项目。面对客人的需求与习惯变化，目前绝大多数酒店却未能快速响应，对产品服务的宣传，仍停留在口头中，信息存在严重的滞后性。在携程网酒店店内商城，除了售卖客房，酒店还可以销售美食、特产、门票等产品，打造一站式酒店服务。

1. 商城位置

店内商城是携程网专为客人打造的酒店内非房产品的售卖平台,酒店开通商城后,客人可直接通过携程 APP 购买入住酒店的美食、娱乐、服务产品。

酒店店内商城在携程 APP 展示的位置有四处:一是酒店详情页底部,二是酒店详情/设施页,三是订单详情页,四是消息推送,如图 1-21 所示。

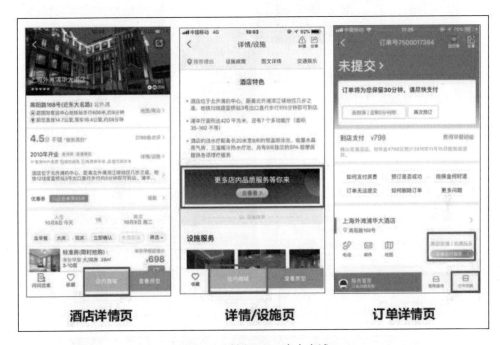

图 1-21 携程 APP 店内商城

2. 产品展示

店内商城可销售的产品种类丰富,从餐饮、门票、康体服务到会议预订,只要酒店可在线下向客人收费的产品或服务,都可以在店内商城中展示并销售。

常见的店内商城销售的产品,见表 1-1。

表 1-1 常见的店内商城销售的产品

餐饮	早餐 / 自助午餐 / 晚餐 / 下午茶 / 套餐
门票交通	门票
	接送 / 租车 / 包车
客房附加	加床
	延迟 / 早住
休闲娱乐	儿童乐园门票等
伴手礼	月饼礼盒 / 海鲜礼盒等伴手礼
会议宴会	会议宴会
其他产品 / 服务	其他产品 / 服务

酒店可通过店内商城，以多元化、立体化的形式向客人展示自家的产品、服务与设施，如图1-22所示。

图1-22　携程网店内商城案例

3. 使用场景

1）售前刺激客人下单的冲动

客人在预订酒店页面详情页底部和设施页，可看到店内商城图标，进入后台能看到设施、美食、服务信息，相比未开通店内商城的酒店，信息展示的形式更丰富立体。有亮点的酒店产品与服务，也会成为刺激客人下单的一个关键点。

2）入住前有效的宣传曝光

60%的携程网客人会在入住酒店前多次打开订单完成页，店内商城在订单页面的展示，可提升店内服务与产品的曝光率。携程APP会在入住当天，对产品与服务进行消息推送，也会刺激客人消费。

3）住店期间促销引导客人下单

许多客人对酒店餐饮的印象，还停留在又贵又不好吃的印象之中。携程网的店内商城，让客人对酒店产品服务的价格与质量有所预判。同时，酒店还在店内商城发放优惠券，吸引对价格敏感的客人直接下单。

1.1.4 酒店挂牌

挂牌是考核酒店综合品质和受欢迎度的评价体系，主要影响携程七大排序规则中的"欢迎度排序"规则。

1. 牌型

携程网通过对酒店的销量/销售额、客户满意度、房源保障、诚信经营、优惠政策等方面的考量，将酒店分为特牌、金牌、银牌。每种牌型对应的合作内容以及合作深度不同。除此之外，还有一些蓝牌合作，但是在排名上没有任何优势。

特牌对应优选合作关系，在合作内容上具体表现在渠道排他性，利用渠道排他性，获取流量倾斜；金牌对应紧密合作关系，在合作内容上具体表现在为平台会员提供专享优惠房价；银牌对应精选合作关系，在合作内容上具体表现在为携程网用户提供专享礼盒。

不同的牌型对应不同的考核规则，达到相应标准，酒店即可申请挂牌。

1）特牌合作

特牌是酒店和携程网最紧密的合作，具有排他性。只要签约了特牌，酒店就不能在其他平台上销售。例如，申请特牌的酒店不能在美团、飞猪等其他OTA平台上销售，但是可以在携程系OTA平台上销售，如同程艺龙、去哪儿。并且，携程网会分销房间至其他平台，如京东、途牛、百度地图等平台。

特牌酒店的要求：①收益线、房量达城市线的10%；②全网独家渠道；③对房量的要求；④点评分不低于4分。如果收益排序不达标（过去3个月的平均值），会降级为金牌或银牌。

2）金牌合作

金牌对应紧密合作伙伴，主要是酒店能够提供给携程网更优惠的价格。在合作内容上具体表现为平台会员提供专享优惠房价，并且要保证携程网与其他 OTA 平台具有最有力的竞争局面。金牌收益线要达区域前 30%，考核时间为 1 个月，如果不达标则会被撤牌。

3）银牌合作

银牌对应的是精选合作关系，主要是对携程网酒店用户提供专享礼盒。

携程平台会优先展示挂牌申请成功的酒店，并在列表页、酒店名称旁进行标签展示，通过这种方式将受欢迎的高质量商家推荐给客户。

特牌酒店搜索特点：特牌酒店的数量决定了特牌酒店默认搜索的排名先后，如果想提高排名，需要酒店产生更大收益，以高销量、高佣金、付费排名的方式来实现。

金银牌酒店搜索特点：特牌酒店的数量决定了金银牌搜索排名，区域内特牌越少，金银牌搜索排名越高。

非挂牌酒店搜索特点：取决于区域内挂牌酒店的数量。

2. 挂牌的价值

（1）优先展示权。在不加任何筛选条件的"欢迎度排序"下，特牌酒店将会优先展示在最前列，然后是挂金牌或银牌的酒店，最后是无挂牌酒店。

（2）对于挂牌酒店，携程网给予的优先展示可以有效增加酒店的曝光量和浏览量，为酒店提供更多订购机会。

（3）相较于无牌酒店，挂牌会轻松提升酒店的间夜量[①]。

挂牌为酒店带来了诸多益处，能快速提高曝光量和间夜量。

3. 挂牌的具体规则

携程网主要从以下五个方面进行考量，达标后才能申请挂牌（可能某些地区会有额外增加的考量细则）。

1）销量/销售额

①品质线：按照酒店每月销售总额进行考核，如果酒店上月销售总额达到特牌/金牌/银牌对应的要求，则有资格申请相应挂牌。想要快速达到品质线，酒店可通过增加房源库存，提供有竞争力的价格，优化酒店信息提升转化率，以及参加各类促销活动，提高曝光量，增加成交单数，从而提高销售总额。②相应贡献大小：间夜量和销售额关联的相应贡献大小。

---

① 间夜量，也叫间夜数。是酒店在某个时间段内，房间出租率的计算单位。间夜量=入住房间数×入住天数。

2）客户满意度

酒店商家可通过关心客户、提高服务、注重细节等措施来提升客户满意度，从而使酒店的点评分不低于 4 分。

3）房源保障

以下两项条件需要满足其中一项：①总间夜量最高的三种房型，酒店需每天提供不少于 8 间保留房，酒店可自行决定三种房型之间的数量分配，但总数须达 8 间以上，且未来都符合此标准；②每天的保留房数量达酒店总房量的一定比例，且未来都符合此标准。

商家需尽可能多地预留保留房，这样会提高订单即时确认率，增加客户满意度，从而提升产量。

4）诚信经营

酒店无欠款欠佣等财务问题。酒店每月需及时关注财务结算，避免欠款欠佣。

5）优惠政策

①特牌：与携程进行总经销合作，成为最紧密的战略合作伙伴。②金牌/银牌：每个房型提供有相应竞争力的价格。

每一维度不仅是携程网对商家的考核，更是帮助商家打造更好的酒店服务品质、提升口碑的推动力。达到相应的标准，酒店自身也获得了多方面的完善。申请挂牌的酒店应向对应的城市业务人员提出申请，由城市业务人员为酒店申请挂牌。一般两个工作日后携程网总部即可完成审核并给予酒店回复。

4. 挂牌后的监控及处罚

酒店在挂牌成功后，并不是一劳永逸的。携程网依旧会按照上述规则每日进行实时监控，以保证每个挂牌酒店时刻都能提供高质量的服务，如有违反，会有相应的处罚。降牌或撤牌后，酒店需要整改，一旦符合上牌规则后，须重新申请流程。具体监控范围如下：

1）挂牌规则不达标

每天会对挂牌酒店进行以上 5 个挂牌规则的监察，按不同的监察周期，酒店除了品质线不达标会被降牌外，其他任何一项规则未达标，会被相应撤牌。

2）其他违规处罚

携程网发现挂牌酒店如有违规违约行为时，如前台倒挂（即前台给客户一个比携程网更低的报价）：①特牌降牌至金牌；②金牌、银牌即刻撤牌。

3）特殊监控：服务质量分

当酒店服务质量分处在 D 或者 D+ 时，虽然不会被撤牌或降牌，但会取消"优先展示权"。服务质量分为 D+,则挂牌酒店直接降入无牌展示区内;服务质量分为 D,则挂牌酒店会直接被排在该城市排名的末端。

挂牌是帮助酒店免费提升排名、快速提高曝光量的有效方法,同时也为酒店进行多维度把关、更好地保证了服务品质,吸引消费者。

1.1.5 酒店排序

酒店排序(欢迎度排序)是目前流量最大的筛选条件,酒店需要不断地提升多项得分(如及时维护房态房源、对入住订单及时确认、提高酒店间夜量等)才能在该筛选条件下提高排名获得更多流量。

1. 影响酒店"欢迎度排序"的因素

1)酒店挂牌

酒店挂牌方式是酒店在携程网上排名的最直接的影响因素,是携程网目前针对酒店开设的一种免费的合作模式。挂牌合作为特牌、金牌与银牌,酒店可以根据自身实际情况,与携程网达成挂牌合作,提高自身排序。除特牌外,携程网的金牌和银牌排名可以打乱,也就是说,银牌可以在金牌前。

在携程网的排名中,特牌为单独的一档。也就是说,酒店只要挂上特牌,那么它的排名就一定会在所有的金牌和银牌的前面。特牌排名权重最高,其次是金牌、银牌。当银牌酒店在一段时间内产生的有效交易量高于金牌酒店时,这个时候携程网的系统会自动抓取高交易量的银牌酒店,并将其排在低交易量金牌酒店的前面。同时,金牌、银牌酒店的外网评分也对酒店的排名具有非常大的影响。

2)综合评分

综合评分是指携程网根据酒店经营状况,对酒店进行打分的综合评价系统。这个评分与欢迎度排序挂钩,直接影响酒店在"欢迎度排序"中的排列位置。酒店可以在携程网酒店管理系统 ebooking 后台→生意通→经营概况→排名分析中查看综合评分情况。携程网的综合评分考察因素有七项:受欢迎度得分、客户价格感受分、房态良好度、房源保障分、确认效率分、结算及时度以及佣金得分。

扩展阅读 1.2 综合评分考察因素

案例分析

2. 影响酒店排名的因素

1)收益水平

酒店在携程网上的收益水平有两种。

第一是酒店的收益,即酒店在一段时间内通过携程网产生的订单的收益。酒店收益＝平台订单总额－平台订单取消总额。影响酒店收益的主要因素有间夜量、房型价格、订单取消量。影响酒店收益的最重要因素就是房量库存，即酒店可以预订售卖的房间的数量。

第二是携程网通过酒店订单产生的收益。携程网通过平台上酒店订单的收益由订单总量和营销费用组成。平台收益＝平台订单总额×平台扣点＋付费广告营销费用。在平台扣点不变的情况下，酒店收益越多，能够贡献给平台的收益就越多；在平台扣点变化的情况下，扣点越高，平台收益越多。

收益水平对酒店在携程网上的排名的影响是：越是体量大价格高的酒店，酒店的收益越多，排名也就越具有优势；平台扣点越高、平台收益越多，排名越具有优势。

2）运营分数

运营分数是指平台在一段时间内，利用不同的测评方法对酒店进行的综合测评。测评分数对应着相关的权益。相关权益一般分为以下三种。一是基础权益，这是最基本的合作，如正常推荐。二是营销权益，是指店家在分数达到时，有营销推广的权益。三是免费广告权益，这是比较高的权益，同样，要求酒店达到的分数也很高，平台会提供免费的广告位，让店家获取更大的曝光。

在携程网的 ebooking 后台的生意通板块，可以看到自己酒店在携程网酒店服务器中的评分情况（不同于外网看到的酒店评分）。在这个板块中，可以看到自己酒店的服务等级。服务等级越高，得到的权益越大，携程网对酒店的推荐力度越大。携程网用服务质量等级来对酒店进行运营测评。服务质量等级是携程网在一定时间内，酒店在接单过程中的质量评分。得分项中包括及时确认率、保留房订单数值和无缺陷订单率；减分项包括到店无房、到店无预订、确认后满房、确认后涨价、虚假点评和低价承诺。减分项对于提升等级有非常大的影响，需要尽量避免。

3）库存数量

库存数量是指酒店可以正常售卖房间的数量。未来一段时间内，库存数量越多，越有利于排名靠前。如某天满房零库存，排名自然在商圈就跌落至底。另外签约保留房数量越多，越有利于排名。

4）点评详情

点评主要包括点评数量、点评分数以及点评质量三个部分。点评数量越多、分数越高、优质点评越多，那么越有利于排名的上升。

5）活动参与度

活动参与度是指酒店积极参与平台推出的各种活动的活跃度。活动参与度越高，越有利于排名提升。携程网会不定期推出各种促销活动，酒店要根据自己情况积极选择参与。携程网的活动有直通车、闪住闪结、钻石展位、定向优惠券、在线选房项目

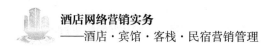

以及各类营销促销活动。

综上，酒店挂牌、综合评分、收益水平、运营分数、库存数量、点评详情和活动参与度，这些都是影响一家酒店受欢迎度和排名的因素。

1.1.6 酒店个性化排序

个性化排序是携程网最主要的排序方式之一，是系统根据用户过往搜索、浏览、入住的信息与酒店自身的相关信息进行匹配后，自动生成的排序，因此每个用户在这个排序列表内看到的结果都是不相同的。

1. 个性化排序影响因素

对个性化排序产生影响的因素有两种：一种是用户因素，另一种是酒店因素。

1）用户因素

a. 用户浏览情况

以用户最近四次的浏览行为为基础，分析浏览的酒店星级、价位以及用户有所倾向的商圈位置、交通枢纽等，并向用户推荐符合条件的酒店。

b. 用户距离

在用户许可的情况下，系统会判断用户当前的位置，并计算用户距离热门商圈、交通枢纽、热门景点等位置之间的直线距离，由近及远向用户进行酒店推荐。

c. 用户历史预订

用户每一次预订都会被记录，通过过往预订酒店的位置、价格、出行日期等信息，向用户推荐与其过往预订的同类型酒店。

d. 用户出行目的

用户每一次出行都有出行目的（商务或休闲），根据出行目的，为用户推荐相关同类型酒店。

2）酒店因素

a. 酒店价格

不同星级、位置的酒店在价格上有着明显差异；用户在预订酒店时的心理价位也千差万别，酒店设置不同房价，会影响平台导流不同的客人。

b. 酒店位置

酒店位置包含酒店当前位置与市中心的距离、酒店与热门商圈的距离、酒店与机场火车站的距离以及酒店与同商圈内其他热门酒店的距离。

c. 酒店产量

酒店历史 7 天内的间夜量以及酒店历史 30 天的间夜量都是能否推荐给用户的标准。

酒店间夜量高，也能直接反映出酒店当前的受欢迎程度。

d. 酒店点评

携程网的目标是将更多优质的酒店推荐给更多的用户，为了提升用户满意度，会以点评分作为参考指标，酒店点评分越高，被推荐的概率就越大。

2. 个性化排序运营维度

为了在个性化排序方面流量最大化，酒店可以从以下四个方面进行运营。

1）价格维度

价格对于用户的影响贯穿整个酒店预订的过程，每个客人都希望用最便宜的价格入住最优质的酒店，因此酒店价格不仅是个性化排序中一个重要的指标，也是用户在选择下单前所考虑的重要指标之一。每个酒店都有自己的价格体系，但根据淡旺季情况，价格也是可以动态调整的，而且不同的价格区间所覆盖的用户群体也是不一样的，不同的价格能匹配不同的用户，因此当酒店根据情况进行产品价格组合时，流量自然能够有所提升。

另外酒店也可以多参加携程网的各类促销活动，如连住三晚打八折，那么酒店就能覆盖原价与折后价在内的两个价格区间。通过优化价格，系统就能以酒店价格情况与用户过往预订情况进行匹配，从而将酒店推荐给最合适的用户，这样酒店订单量也能有所提高。

2）信息维度

酒店信息包含的维度有很多，酒店信息可以分为两大类：第一类是酒店名称、简介、政策、图片、设施、位置、房型等维护更新周期较长的信息；第二类是指点评、问答、房价、房态、房量等需要实时维护更新的信息。

携程酒店内部专家总结了信息优化的三大原则：一是完整度；二是多样化；三是真实性。酒店信息的完整度、多样化与真实性，不仅是个性化推荐的指标，也在一定程度上决定了用户是否愿意下单。酒店应全面展示自家特色与服务，增强用户决策信心。

3）点评维度

关注酒店点评分数的变化，是酒店每天都要去做的事情。酒店需要及时关注用户给出的分数及点评内容，用户反应的问题及时跟进解决，并确保避免同样问题再次发生，同时提升酒店的服务质量，赢取更高的点评分。

注意：

在点评分的内容上，酒店有几点内容需要特别留意：

强制好评（使用客人手机、盗取客人账号进行强制虚假点评）是携程网坚决杜绝的，酒店不可对客人的点评行为进行强制干涉，若后续调研发现强制好评的情况，将直接扣除服务质量分6分。

诱导好评（使用利益诱导客人、要求客人删除差评）虽然没有强制好评那般恶劣，但携程网一样抵制贿赂客人换取好评的行为，若后续调研发现诱导好评的情况，也将直接扣除服务质量分6分。

点评分的计算方式以过去3年内的有效点评为基础进行计算，点评时间越靠近当前时间，所占比重就越大。

若酒店有到店无房的情况，系统会在后台自动产生一条1分差评并加入点评分计算，但不展示于外网。

提升点评分的方式有很多，但高质量点评分最终还是来自于酒店的优质服务，酒店的服务提升上去了，自然不再担心点评分。

4）产量维度

酒店产量在个性化排序中也是很重要的因素。提升产量的方式有很多，酒店可以在ebooking后台的优惠促销菜单栏内，参加携程优惠促销活动（新客立减、天天特价、酒店红包等）。酒店还可以选择金字塔广告投放服务来提升酒店产量。酒店可以在ebooking后台的生意通页面参与金字塔广告位，酒店成功投放后即可在列表页面进行展示，如图1-23所示。

图1-23　酒店个性化排序维度——产量维度

项目一 酒店业电商平台运营

▶ 任务 1.2 去哪儿网

去哪儿网（www.qunar.com）是中文在线旅游平台，网站上线于 2005 年 5 月，2015 年 10 月 26 日携程网和去哪儿网合并，公司总部位于北京。去哪儿网通过其自有技术平台有效匹配旅游业的供需，满足旅游服务供应商和中国旅行者的需求，其网站页面如图 1-24 所示。

图 1-24 去哪儿网首页

对旅游服务供应商而言，去哪儿网通过移动客户端及在线平台为其提供技术基础设施；对旅行者而言，去哪儿网通过网站及移动客户端的全平台覆盖，为其提供国内外机票、酒店、度假、旅游团购及旅行信息的深度搜索，提供信息和预订功能，如图 1-25 所示。

1.2.1 酒店加盟

打开去哪儿网首页 www.qunar.com，在页面的最底端，如图 1-26 所示，点击【酒店分销商加盟】。

23

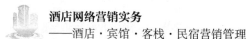

图1-25 去哪儿网搜索页面

图1-26 去哪儿网酒店加盟

在加盟首页,点击【立即加入】;填写公司信息等内容,发送邮件给去哪儿网(邮件地址分别为 HotelOTA@qunar.com、国际酒店业务 gjjdyw@qunar.com);填写完毕并发送邮件后,去哪儿网会安排业务经理联系酒店经营方的联系人。

1.2.2 酒店后台管理——发现假期

"发现假期"(www.928383.com)是去哪儿网全新开发的酒店在线分销系统,是实时预订平台。其包括酒店预订、订单查询、员工管理、财务账单管理等实用功能,极大地帮助酒店分销的同时,也提高了工作效率和精确度。

1. 业务介绍

"发现假期"酒店同业分销平台是提供给去哪儿网所有酒店分销商在网络上进行酒店管理的一套应用系统。"发现假期"系统为实时预订平台,能帮助酒店解决常规预订流程中的效率和精确度问题。

"发现假期"与酒店的合作模式主要为预付和现付模式。

"发现假期"的客户类型主要有以下几种:传统以门市收客的旅行社,客人在其门市交钱订房;差旅管理公司,其长年承包商务公司差旅的酒店和机票;航空票务分销商,客人在预订机票的同时完成酒店的预订和付款;门票分销商,客人在订门票的同时完成酒店的预订和付款。

2. 合作加盟

可以通过网站(www.928383.com/site/cooper.htm)进入合作加盟页面。

"发现假期"建立了一个完善的代理商网络。无论是旅行社门市还是商旅服务公司,只要符合"发现假期"的要求,都可以成为"发现假期"的代理商,代理"发现假期"的国内酒店预订的业务。"发现假期"的分销商可以享受如下服务:预付酒店类分销商可获得酒店产品资源的支持;获得"发现假期"的系统分销平台支持;得到"发现假期"的售后服务;得到"发现假期"的长期培训咨询。分销商可通过互联网登录"发现假期"在线发单,在线支付订单进行合作,平台提供7×24小时国内酒店预订服务。在线分销商管理系统提供如下功能:发现假期酒店产品的查询、预订,酒店订单的查询、修改,财务账单,业绩查询及佣金计算。合作加盟可以通过电话和电子邮箱联系。在页面底端点击"合作加盟",进入企业用户注册页面,填写注册信息。

1.2.3 酒店挂牌

与其他OTA平台一样,去哪儿网也有很多因素会影响酒店在网站上的曝光量、浏览量和订单转化率。

去哪儿网的酒店挂牌有金冠、银冠、铜冠。金冠要求酒店对于其他OTA要有绝对的低价优势;银冠要求酒店要有礼包或者库存差异;铜冠对酒店没有要求差异,但保留房佣金率必须达标。

去哪儿的排名并不会因为是否挂冠而排名优先，点击率、好评率、服务指数以及试睡员点评都是影响排名的因素，如图 1-27 所示。

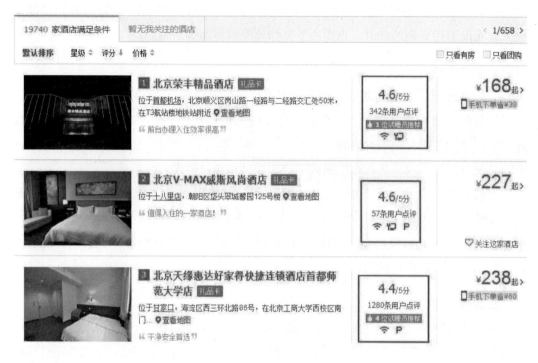

图 1-27　去哪儿网默认排序

1.2.4　试睡点评

去哪儿网试睡员发表的点评有机会获得更多的展示位置；去哪儿网试睡员通过发表专家点评，帮助更多普通用户选择酒店；去哪儿网试睡员的头像将在站内诸多醒目位置得以展现（如招募首页）；去哪儿网试睡员将有机会免费入住酒店，次数不限。当月生日的试睡员可以参加"秒杀"活动，有机会获得"生日试睡基金"。

扩展阅读 1.3
酒店试睡员

酒店点评发表后，可以认证为试睡员点评，需要注意以下几点。①点评字数 500 字以上，且有 5 张及以上酒店图片的点评，有机会被认证为专家点评。②图文穿插的点评，更受去哪儿网的欢迎，被认证为专家点评的概率更大。③酒店详情页点评部分，专家点评会优先展示。④成功发表 1 篇专家点评即能申请成为试睡员，享受试睡员福利。

打开去哪儿网的酒店页面（hotel.qunar.com），在页面右面找到点评模块，登录后，点击【试睡员大起底】；进入试睡点评首页，【发表专家点评】，就可以申请加入试睡员。

1. 专家点评

专家点评是经去哪儿网官方审核认定的，通过图文详细介绍酒店软硬件的优秀原创点评。符合图文要求的点评内容，都有机会被认证为专家点评。

去哪儿网专家点评分为高星级酒店专家点评及低星级酒店专家点评，高星级是指五星及豪华、四星及高档；低星级是指无星级、经济型、二星及其他、三星及舒适。

2. 专家点评标准

专家点评标准要求高星级酒店有 500 字以上和 9 张以上酒店图片；低星级酒店有 200 字以上和 5 张以上酒店图片。

1）图片要求

a. 展示要求

图片清晰美观，与酒店直接相关且展示区域全面（如客房、卫浴、酒店餐厅、大厅、公共区域等），不能来自网络下载或酒店效果图，保证图片真实可信。

b. 尺寸要求

最低要求为 720×480 像素。

2）文字要求

a. 原创要求

不能复制酒店简介或者抄袭其他用户点评，保证点评内容公平客观。

b. 真实要求

表述自己的真实入住体验，不能使用类似酒店官方口吻描述，也不能简单罗列酒店内的设施，需要从酒店服务、客房硬件设施、酒店餐饮、周边环境、交通等角度描述。

3. 专家点评注意事项

1）特殊注意事项

（1）同一用户对同一酒店只能发表一篇专家点评。

（2）试睡员用户享有点评标题自主编辑权限，务必自觉遵守标题拟定原则，若不符合标题拟定要求，去哪儿网有权与作者沟通协助修改标题。

2）标题拟定要求

（1）用户编辑的标题需突出酒店特点，便于浏览者阅读，快速获取点评关键内容。

（2）用户编辑的标题需与酒店直接相关。

（3）用户编辑的标题不能存在脏话、乱码、凑字行为。

（4）用户编辑的标题不能存在特殊符号（顿号、分号、省略号、特殊符号等需删除）。

为了维护社区秩序，用户在去哪儿网提交的点评必须通过审核才可以发表在页面上。去哪儿网有权自行制定并不时修改审核标准，不符合审核标准的酒店点评和图片将无法通过审核。

3）不符合规定的点评

（1）用户可以发表多条点评，但不允许以灌水形式获取积分，超过限制条数或有严重刷分嫌疑的用户点评，不予展示。

（2）明显商业倾向或广告性质的点评，不予展示。

4. 专家点评范例

登录去哪儿网—酒店点评—长白山柏悦酒店，选择点评详情，打开试睡员"minotti"的点评文章"北国山野顶奢之选，记长白山柏悦酒店"，在页面左侧可以展示该试睡员的相关信息，试睡员级别、关注数、粉丝数、点评数及勋章展示。

扩展阅读1.4
专家点评案例

5. 申请试睡员步骤

第一步，成为去哪儿网用户，上传真实头像。

注册页面：http://user.qunar.com/reg.jsp?ret=http://hotel.qunar.com/。

上传真实头像使得点评更具权威性，上传真实头像的用户将获得更多展示机会。注册时同时登记手机和邮箱，因为去哪儿网会通过邮件方式定期推送给成功申请的试睡员。

第二步，提交1篇酒店专家点评。

专家点评是经过去哪儿网官方审核认定，通过详细图文全面展示酒店的软硬件的优秀点评。

第三步，登录报名页面，填写申请表。

报名页面：http://hotelzt.qunar.com/shishuiyuan/index.html。

第四步，通过人工审核，获得去哪儿网试睡员资格认证。

去哪儿网的工作人员会在3个工作日内完成审核，并以邮件的形式通知录取结果。

获得去哪儿网试睡员的资格认证后，去哪儿网会邀请试睡员加入神秘邮件组，试睡员可获得第一手顶级酒店入住机会通知、神秘酒店入住通知以及其他各种入住机会提醒。

项目一　酒店业电商平台运营

任务 1.3　飞猪

飞猪是阿里巴巴旗下的旅行业务单元，为淘宝会员提供机票、酒店、旅游线路等商品的综合性旅游出行网络交易服务平台，包括网站及客户端。原名为阿里旅行，后改名为"飞猪旅行"，其网站首页如图 1-28 所示。

图 1-28　飞猪网站首页

1.3.1　开店

企业开店入驻飞猪的流程如图 1-29 所示。

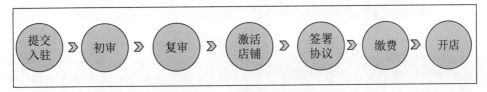

图 1-29　企业入驻飞猪流程

29

打开飞猪网站首页（www.fliggy.com），在页面最底端点击【商家入驻】，如图1-30所示；打开招商平台首页申请入驻。

图1-30　飞猪首页——商家入驻

1.3.2　供货

1. 淘酒店

淘酒店是指个体的酒店入驻淘酒店，入住淘酒店将以信用住的方式进行售卖，其首页如图1-31所示。信用住是飞猪旅行推出的体验类商品，飞猪会员先体验后支付，可以享受入住酒店免担保金、离店免查房，离店后自动通过支付宝进行酒店费用结算的服务。

扩展阅读1.5
飞猪商家入驻申请流程及相关规定

案例分析

图1-31　招商平台首页——淘酒店

目前飞猪仅接受企业招商，所有个人店铺招商转为酒店/客栈信用住招商。有合作意向的酒店/客栈将商家名称、商家地址（省份、城市）、商家房间数量（要求不少于 5 间，官网及 OTA 渠道最低房型卖价不低于 200 元）、商家姓名、商家联系方式以及信用住签约资质，发送至邮箱 taohotelservice@list.alibaba-inc.com，飞猪工作人员一般在 7 个工作日内进行回复。

无营业执照的公寓和家庭式经营的旅馆暂停招商。

扩展阅读 1.6
酒店、客栈信用住签约资质规则

案例分析

2. 供销平台

供销平台，暂时不对外招商，要由飞猪平台定向主动邀请。供销平台一站链接淘系数万的专业店铺，全平台自动铺货，线上线下销售渠道一体化管理。

1.3.3 新增房型

飞猪商家门户登录地址为：mai.taobao.com。登录后，系统会根据商家在飞猪的主营类目输出对应的左侧菜单栏和首页功能模块。飞猪商城店铺主账户以及被主账户授权的子账号可进行新增；飞猪集市店铺无新增或修改权限（不区分主账户、子账号），只能发布平台已有的酒店信息。

扩展阅读 1.7
飞猪新增房型流程

案例分析

1.3.4 交易管理

飞猪订单交易的流程，如图 1-32 所示。

图 1-32　飞猪订单交易流程

会员按照飞猪设置的交易流程进行交易，交易流程中涉及的超时规定以订单页面展示的为准。

1.3.5 供销平台

飞猪供销平台是资源方和商家立足于飞猪，全渠道为飞猪商家提供优质货源渠道。通过飞猪供销平台共享旅游资源方的线上线下库存，同时飞猪供销平台进行线上渠道管控（控价、控货、控渠道）。

扩展阅读 1.8
飞猪酒店类目交易管理及规则

案例分析

1. 供销交易要素

1）三个角色

消费者（买家）、分销商（卖家）、供应商。

2）两段订单

销售订单：消费者与分销商之间的订单，即一般的飞猪店铺订单。

采购订单：分销商向供应商进货的订单。

3）两种价格

销售价：销售订单中的交易价格称为销售价。

结算价：采购订单中的交易价格称为结算价。

4）两类产品

产品：供应商面向分销商发布的货品。

商品：分销商面向消费者发布的货品。

2. 供销平台交易模式

飞猪供销交易模式分为代销、经销、直营三种模式，当供应商与分销商建立合作关系后，需要为分销商开通交易模式。

代销也称为一键发货，分销商以代销的方式向供应商采购产品，产品库存仍放在供应商的库存里，所有权仍归供应商；消费者在分销商店铺拍下宝贝后生成订单的同时会同步生成分销商向供应商的采购单。再由供应商直接确认订单，推动消费者销售订单的确认。消费者确认收货后把货款分账给供应商。概括地说，就是代销时分销商不囤货，而由供应商发货。

代销模式的结算方式有担保交易和代销分账两种。

1）担保交易

分销商向供应商付款时，货款被冻结在支付宝中间账户，供应商不能立即收到货款，供应商需要进行发货，分销商确认收货时自动将货款实时结算给供应商。平台提供完整的退款退货流程，担保交易资金往来安全。供应商和分销商建立合作关系之后，系统默认开通担保交易。

2）代销分账

代销分账是供销平台提供的一种方便分销商零库存、零资金卖货的支付方式。消费者向分销商购买产品后，分销商不需要向供应商垫付货款，消费者确认收货后，供销系统从消费者实付资金中将采购金额分账给供应商，将分销商赚取的差价利润留给分销商。

在代销分账的模式下，订单确认及发货动作是由供应商进行。

扩展阅读 1.9 分销商入驻及运营

案 例 分 析

1.3.6 数据分析

2015 年 3 月，飞猪上线了服务指数查看平台，用以帮助卖家即时了解酒店飞猪店铺的各项服务指数，为酒店飞猪店铺提升服务水平和销量提供数据参考依据。具体查看流程为：进入酒店卖家中心→左侧导航栏→卖家服务指数。

1.3.7 飞猪直播

1. 直播权限申请流程

流程如下：商家发邮件，提交权限开通申请，确认规则阅读；飞猪统一提交手淘直播权限申请；等待权限开通。

2. 商家必看直播宝典

所有的素材（包括直播的资源申请表格）、可参考的脚本、如何开通等直播操作手册。

3. 商家申请权限开通邮件

邮件发送：对应类目运营小二的邮箱。

邮件名：申请开通直播权限 + 店铺名（如申请开通直播权限 + 某酒店旗舰店）。

4. 申请开通权限周期

邮件申请并审批通过后，直播权限开通时间约为 1 周。

任务1.4 其他 OTA 平台

1.4.1 美团

美团网是 2010 年 3 月 4 日成立的团购网站，总部位于北京。2015 年 10 月 8 日，大众点评网与美团网合并。酒店商家把自己的房源商品在美团上发布的流程为：在美团网站首页，点击右上角的【商家中心】选择【我想合作】，按要求填写信息并提交，如图 1-33 所示。

扩展阅读
1.10 美团商家入驻流程

图 1-33 美团网首页

1.4.2 途牛

途牛旅游网于 2006 年 10 月创立于南京，旅游产品涵盖跟团、自助、自驾、邮轮、酒店、签证、景区门票以及公司旅游等，其首页如图 1-34 所示。

图 1-34 途牛网首页

1.4.3 同程艺龙

同程旅游是同程网络科技股份有限公司的简称，创立于 2004 年，总部设在苏州。2017 年 12 月 29 日，同程旅游集团旗下的同程网络与艺龙旅行网宣布正式合并为一家新公司"同程艺龙"。1999 年 5 月艺龙旅行网于美国特拉华州成立，定位为城市生活资讯网站，2004 年在美国纳斯达克上市。

项目一 酒店业电商平台运营

同程旅游网入驻加盟方法为：登录网站首页（www.ly.com），在右上角导航中点击【合作中心】，如图 1-35 所示。

图 1-35 同程旅游网合作加盟

艺龙旅行网加盟合作方法为：登录网站首页（www.elong.com），在页面底端加盟合作，如图 1-36 所示。

图 1-36 艺龙旅行网合作加盟

1. 调研国内主要的 OTA 平台，并对比它们的不同之处。
2. 调研并自学 ebooking、安可达平台。

本部分参考内容请扫描扩展阅读 1.12 二维码阅读。

35

项目二 民宿电商平台运营

一、项目目标

1. 掌握爱彼迎（Airbnb）、蚂蚁平台的运营；
2. 了解途家、小猪短租平台的运营。

二、案例点击

民宿惊艳"不怕巷子深"，超过半数游客通过网络寻找住处

酒香不怕巷子深，济南的民宿也是如此。而这些深藏于街巷里弄的民宿得以脱颖而出，很大程度上还要归功于网络平台。

2017年国庆恰逢中秋，8天的长假非常适合亲朋好友结伴出行。与以往相比，私密性强、具有地方特色、性价比高的民宿越来越成为游客的首选。

10月6日，记者沿着蜿蜒曲折的石板路来到位于鞭指巷的一处民宿。店老板于先生特别为这间民宿取名隐泉别院精品民宿。位置虽说隐蔽，却在"十一"假期住满了来自北京、浙江等地的游客。于先生告诉记者，目前这家民宿已经在去哪儿网、携程网、Airbnb网等多个OTA平台上线，同时拥有自己的微信公众号。他打开公众号向记者展示着最近发布的几篇文章："这篇介绍的是我们民宿庭院里两口井，一个是孔府井，另一个是云彩眼井。还有这篇，石榴花开的时候，我还在公众号上发了花开的照片……"因为这几篇公众号文章，一些来自外地的游客专程来此住宿。"一名住客在离开后留言说，因为一个庭院来到了这座城，不虚此行……我们看到这样的留言非常感动。"不同的网络平台有不同的特点。于先生总结说："微信公众号是与用户最直接的交互平台，顺带可以做一些预订和服务。而去哪儿网、携程网之类的OTA平台则主要是提供预订、消费房间的功能。"同样是OTA平台，也各自有其特点。于先生分析认为，去哪儿网、携程网客户群体以中青年、中产阶层为主，而Airbnb网则主要以"80后""90后"年轻群体为主。此外，携程这类网站的用户以景级（景区附近）住宿群体为主，他们主要考虑第二天去景区游玩。Booking则主要以中长期预订为主，比如客户下个月就来济南游玩，就可以提前在上面预订济南的住宿。

项目二　民宿电商平台运营

　　网络预订平台已经成为目前人们出行住宿的重要方式。济南市民刘女士告诉记者，她在今年"十一"黄金周期间前往上海游玩，也是选择了当地民宿。在9月下旬就已经在某在线旅行社上预订了迪士尼度假区一家民宿。这家民宿深藏在浦东新区栏学路附近。"如果不在网站上找，根本不会发现这个民宿。"刘女士说。记者走访发现，目前绝大多数民宿都采用网络预订方式。在曲水亭附近经营民宿的店主何先生告诉记者，他们在2015年就开始经营民宿，半年后开始在各大网络平台开通预订服务。

　　"今年'十一'假期，50%以上的住客都是通过网络预订房间。"何先生表示，网络预订省去了收费、调度房间等步骤，提高了工作效率。"有了网络平台，再远的游客也能住上我们的民宿，感受济南泉水文化。"

　　（案例来源：http://news.e23.cn/jnnews/2017-10-09/2017A0900004.html）

三、实例任务

　　民宿是指利用当地闲置资源，民宿主人参与接待，为游客提供体验当地自然、文化与生产生活方式的小型住宿设施。

　　根据所处地域的不同可分为城镇民宿和乡村民宿。

　　此定义完全诠释了民宿有别于旅馆或饭店的特质，民宿不同于传统的饭店旅馆，也许没有高级奢华的设施，但它能让人体验当地风情，感受民宿主人的热情与服务，并体验有别于以往的生活。

　　国家旅游局发布并于2017年10月1日起实施了《旅游民宿基本要求与评价》，明确规范了民宿行业标准，规定了旅游民宿的定义、评价原则、基本要求、管理规范和等级划分条件。

　　旅游民宿分为两个等级：金宿级、银宿级。金宿级为高等级，银宿级为普通等级。等级越高表示接待设施与服务品质越高。潮流民宿是指金宿级的高等级民宿。

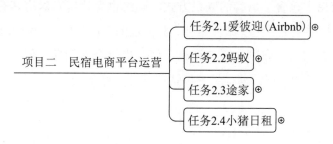

任务 2.1 爱彼迎（Airbnb）

互联网民宿的成功先例非美国爱彼迎（Airbnb）网站莫属。用户通过网络或手机应用程序发布、搜索度假房屋租赁信息并完成在线预订程序。爱彼迎所提供的点对点短租模式正在席卷全球，短短几年的时间已经覆盖 192 个国家和地区 35 000 多个城市，更是有超过 20 万处房源，并帮助超过 1 000 万人寻得了短租之所。

爱彼迎的颠覆之处在于用户可在网络上发布自己的私人住宅，为背包客提供短期租赁服务，这样花同样甚至更少的钱，可以选择更有趣的私人民宿甚至是树屋、古堡。人们试图向客户出租的已不仅仅是房间，还包括办公场所以及驾车出行的座位。人们甚至将电钻、割草机等闲置资源变成收入来源。人们还会出售自己的时间，承接遛狗、取回干洗衣物或组装家具等杂活。

爱彼迎已一路疯长为全球最大的旅行短租网站，其成功的商业模式也引来诸多效仿者。爱彼迎重塑了酒店行业，使得旅行者可以从个人的手中租住一间房屋，而不是从一家酒店中租住。

2.1.1 爱彼迎平台功能特点

爱彼迎网站首页地址为 www.airbnb.cn，其首页如图 2-1 所示。

1. 平台收费方式

房东在爱彼迎注册并发布房源完全免费，可以分享整套公寓、房屋、独立房间、树屋及城堡等。房东收到预订后，爱彼迎平台通常会收取 3% 的房东服务费，用于支付爱彼迎平台的运行费用。房客在爱彼迎订房之前，需要填写全部信息才能够发送预订请求。这些信息中包含了房客的联系方式，同时也会让房东对房客有一定的了解。爱彼迎要求房客提供全名、电子邮件地址、验证过的手机号码、介绍信息、付款信息，同时需要同意平台的房屋守则。爱彼迎推荐房客提供个人头像，但并不强制要求。房东也可以要求房客在预订房源前提供身份认证信息。

项目二　民宿电商平台运营

图 2-1　爱彼迎网站首页

2. 房东安全保障

爱彼迎房东保障金计划为房东提供 100 万美元的保障。在房客造成的损伤超过押金或房客没有给押金的少数情况下，该计划能够为受损房源提供保障。房东保障金计划对现金、有价证券、古董藏品、稀有艺术品、珠宝、宠物、个人责任不予承保（建议房东在出租房源时妥善保护或转移贵重物品）。该计划对因过度使用和使用不当造成的财产损失和财务损坏也不予承保。

3. 房源出租时长

爱彼迎平台房东可以自主决定出租时间。爱彼迎平台没有最低或强制出租天数限制，因此房东可以屏蔽不可订的日期。房东还可以设置可订状态的具体规则，包括房客最短或最长入住天数、房客可预订未来多少天内的住宿、预订前需提前通知等。

4. 房源价格规定

爱彼迎平台房源价格完全掌握在房东的手中。房东可以参照所在城市或街区的同类房源，调研房源的市场价格，以便最终确定价格。房东可以收取额外服务费用。例如，房东可要求房客为添加入住人数、房屋清洁等事项提前支付额外费用。如果房东想提供租借设备、观光导览等其他服务，房客可以在预订后通过应用程序向房东付款。

爱彼迎的智能定价功能可以根据房东的需求自主定价，将房源价格设置为随市场对类似房源的需求变化而自动调整。例如，房东可以为不同季节、周末或任意某天设置自定义价格；房东还可以为长住的房客提供周租和月租折扣。房源价格始终由房东决定，智能定价功能会受房东所选择的其他价格设置影响，房东也可以随时调整每晚价格。智能定价功能对价格的调整基于房东房源的类型和位置、季节、需求情况以及其他因素（如房东所在地区的活动）。

5. 制定房屋守则

房东可以为房源制定守则。房东可以添加房屋守则，明确对房客的要求，房客在预订前须先同意遵守房东的守则。比如，房东可以在守则中写明禁止吸烟及举办活动。房客必须同意后才可预订房源，如果房客在预订后没有遵守要求，房东可以取消他们的预订且不会受处罚。

6. 同步房源日历

房东可以快速同步房源日历。为避免房东在无法出租或已有预订时收到预订，房东可将其他日历与爱彼迎日历关联，即可自动更新所有日历状态。

2.1.2 成为房东

1. 哪些人可以在爱彼迎上出租房屋

几乎任何人都可以成为房东。注册爱彼迎账号和发布房源是完全免费的。爱彼迎网站上可供出租的房源和发布房源的房东一样风格各异。房东可以发布公寓里的气垫床、整套房子、含住宿和早餐的房间、小型酒店房间甚至树林里的树屋、水上船只或迷人的城堡。

爱彼迎房源分为以下三种房屋类型。

整套房源：房客可独享整个房源。

独立房间：房客有自己的独立卧室，其他区域则与他人合用。

合住房间：房客住在与他人合用的卧室或公共区域内。

房东有责任准确描述自己的房源。房东务必选择最能恰当描述房源的选项，让房客知道房源的情况。

房东可以发布世界各地的房源，但必须遵守国际法规。

2. 法律法规问题

在决定是否要成为爱彼迎房东时，需要先了解房东所在城市的法律是如何规定的。

有些城市的法律限制房东将房子短期出租给付费房客。这些法律通常是该城市的区划法或行政法的一部分。在许多城市，发布房源或接待房客之前，房东必须先登记、获得许可证或执照。某些类型的短期住宿预订可能被完全禁止。当地政府执行这些法律的做法也不一样。处罚可能包括罚金或其他强制措施。在有些税收管辖区，爱彼迎会替房东计算、收取、汇缴当地占用税。各个税收管辖区计算占用税的方法不同。

同时，在爱彼迎上发布房源之前，请仔细查阅当地的法律。房东也可以在爱彼迎的房东义务页面上的"您所在城市的规定"一栏中找到更多有关房东所在城市的法律法规的信息。

3. 发布房源

打开爱彼迎网站首页，点击右上角导航成为房东/体验达人，如图2-2所示；点击发布房源，如图2-3所示。

图2-2　爱彼迎网站首页——成为房东

图 2-3 爱彼迎网站首页——发布房源

第一步，填写房源基本信息。选择房子所属的大类、建筑类型、空间类型，填写房源能容纳的房客人数、卧室、床的规格和数量以及卫生间等情况，填写房源的位置并在地图上标出位置，如图 2-4 所示。

第二步，添加房源详情。上传房屋照片，填写房源简介，向房客描述房源信息，可以描述房源内部空间和设施、周边环境和交通路线，添加房源详情，为房源起名字、添加手机号，如图 2-5 所示；添加手机号并进行短信认证，完成房源详情添加后，可以添加照片或者继续添加价格、预订设置和日历。

扩展阅读 2.1
房源分类说明

案例分析

第三步，做好准备接待访客。设置房屋守则和对房客的要求，如图 2-6 所示。

除了符合爱彼迎的要求外，房客还必须同意所有房屋守则才能预订住宿，如果某个预订让房东觉得不安心，房东可以在旅程开始前或住宿期间取消预订而免受处罚；房东设置房源价格，可以选择根据需求调整价格或固定价格。

4. 支付方式

房东可以自主选择收款方式：PayPal（贝宝）、直接存款或其他支付方式。

房东在爱彼迎平台免费发布房源、宣传房源，不需要注册费或会员费；房客预订后，爱彼迎会在房客到达前向其收取费用，不需要与房东直接进行钱款交易；房客入住后即可收款，爱彼迎通常在房客预订的入住时间 24 小时后向房东发放收款，以确保入住流程的顺利。

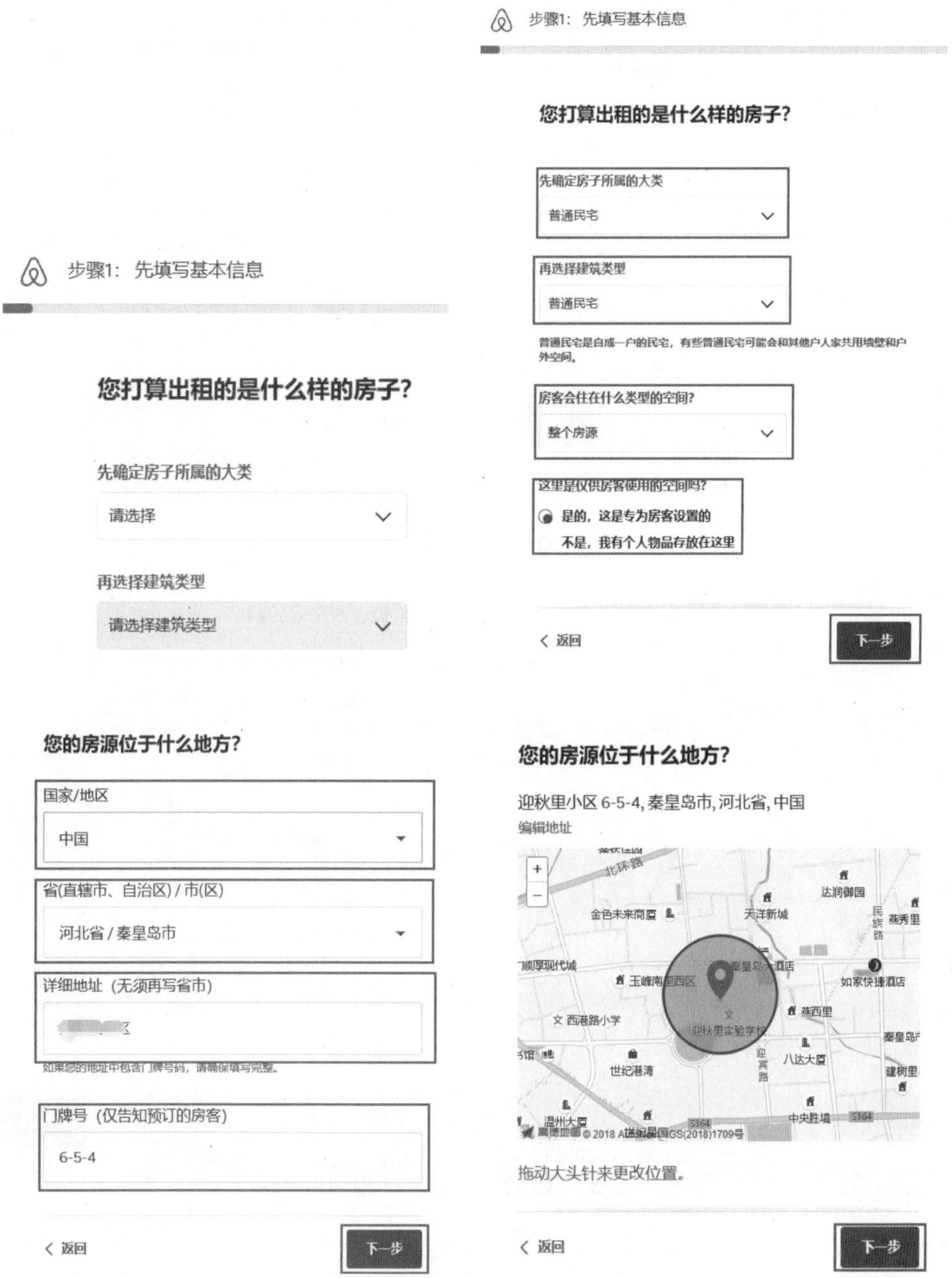

图 2-4　爱彼迎网站发布房源——填写基本信息

图 2-5　爱彼迎网站发布房源——添加房源详情

图 2-6　爱彼迎网站发布房源——设置房屋守则

5. 如果我不满意房客，该怎么办

如果房客违反了房东制定的房屋守则，或者他们的行为让房东觉得不安全，房东可以拒绝他们的预订申请或者取消预订。

1）接受预订前

爱彼迎平台设立了多个筛查及核查机制，以确保房东接待的都是符合资格的房客。房东可以拒绝个别预订申请，这不会对房东房源在搜索结果中的排位产生负面影响。

2）接受预订后

房东可以取消已接受的预订。但如果房客没有违反房屋守则，房东可能会因为取消预订而受处罚。

6. 主题房源系列

主题系列是根据特定类型的旅行或场合（如工作旅行、家庭假期或蜜月）精选的房源。房客可在爱彼迎首页发现和浏览主题系列，或在搜索结果中筛选。

房东可以前往 www.airbnb.cn/dashboard 查看房源是否属于某个主题系列，或了解房东还需要达到哪些要求。每个主题系列都对房源有特定

扩展阅读 2.2
各种预订状态的含义

扩展阅读 2.3
商务差旅和家庭出游主题系列要求

的要求。每个主题系列都对便利设施有要求,具体要求取决于该类旅程的房客需求。如果房东的房源符合所有要求,它将被自动添加至该系列中。

对于大多数房客来说,房东的房源将如往常一样出现在搜索中。加入主题系列并不会影响房东的房源获得正常预订。如果房东的房源加入了主题系列,房客在搜索特定类型的旅程时,房东的房源就会出现在搜索结果中。比如,如果某位房客要出差,就可以更改搜索结果的筛选条件,只显示商务差旅主题系列的房源。

2.1.3 评价

爱彼迎上的所有评价都由爱彼迎的房东和旅行者撰写,因此在平台上所查看到的任何评价都是基于房客在房东的房源住宿的情况撰写的。在房客退房后,房东有 14 天的时间撰写对于房客住宿情况的评价,提交评价后 48 小时内可编辑评价,但房客已完成评价的情况除外。双方都提交评价后,或是退房超过 14 天后,评价会发布。

房东可以随时查看房客的评价,当有房客预订房东的房源时,房东也可以查看之前接待过他们的房东给予他们的评价。

2.1.4 房客预订之前需要满足哪些条件

每一位爱彼迎用户在预订住宿前,爱彼迎平台都会要求他们提供一些信息。房客需要完整填写这些信息后才能发送预订申请。这些信息能够让房东对房客有一定了解,并知道如何联系他们。

爱彼迎要求房客提供的信息包括姓名、邮箱、已验证的手机号、介绍消息、同意房屋守则和付款信息。建议房客添加个人头像,但这并非强制要求。房东也可以要求房客在预订房源之前提供身份证件。

▶ 任务 2.2　蚂蚁短租

蚂蚁短租(www.mayi.com)是短租民宿预订平台,为赶集网(现为 58 赶集集团)旗下企业,于 2011 年 11 月正式上线,其首页如图 2-7 所示。蚂蚁短租平台上的房源类型包括独栋别墅、酒店式公寓、民宿、客栈、四合院、木屋、树屋、房车、帐篷等。

项目二 民宿电商平台运营

图 2-7 蚂蚁短租网首页

2.2.1 蚂蚁短租特点

1. 家庭出游方便

（1）自驾游、自助游住宿，尤其适合家庭游、闺蜜游、团建等多人游群体的旅游住宿。

（2）独栋别墅、酒店式公寓、民宿、客栈、四合院、木屋、树屋、房车、帐篷等多种房型。

（3）"一站式"旅行服务，景点门票优惠及代买、接送机、租车、本地导游等。

（4）"私人定制"旅行攻略，房东推荐只有当地人才知道的特色餐馆和只有当地人才会去的度假景区，令旅行者自由行与众不同。

（5）价格比同等酒店便宜。

2. 预订方式方便

（1）"临海房""主题公园房""周边游房""毕业旅行房"等各种专题房源，通过专题入口能轻松地选到满意的独栋别墅、酒店式公寓、民宿、客栈、四合院、木屋、树屋、房车、帐篷等。

（2）"一键选房"，房客一键发布房源需求，系统自动推送符合条件的房东供房客选择。

（3）如果对房源细节还有疑惑，可通过手机客户端与房东随时沟通。蚂蚁短租为优秀房东开通电话直拨功能，令沟通更方便。

（4）支付方式自由选，信用卡、储蓄卡、微信、支付宝均可支付。

3. 住宿安全

（1）30 分钟内答复客诉结果，24 小时内完成客诉处理。

（2）到店无房赔付首晚房费，房源实际与描述不符赔付首晚房费，恶意涨价蚂蚁补差价。

（3）为确保资金安全，房客在线支付的房款会由蚂蚁短租先行保管，待正常入住后，蚂蚁短租才会按天支付给房东。

（4）蚂蚁短租为房东房客免费上财产险、意外伤害险，保障双方权益。

2.2.2 发布房源

蚂蚁短租在北京、上海、广州、深圳、成都等城市建立线下团队，为房东发布、管理房源，解决房东的问题。

房东也可以自行下载安装"蚂蚁房东助手"客户端，或者通过电脑进入蚂蚁短租网点击网页右上角"免费发布您的房源"，具体步骤如下：

（1）注册登录：使用手机号码即可完成。

（2）填写房源信息：房源基本信息、房东基本信息、对应服务内容及收费标准。

（3）上传房源图片：要出租的房间、设施、房屋周边环境照片。

（4）文字描述：地理位置、交通情况、周边环境等基本信息，可体现房源特色的信息。

（5）价格要求：房源出租价格、折扣、押金。

（6）房东收款账号：支付宝账号、财付通账号、银行卡信息。

如果发布房源遇到困难，可以拨打蚂蚁短租电话寻求工作人员帮助。

2.2.3 房源审核

房东发布的房源会有工作人员在两个工作日内审核。

如果审核未通过，可能存在以下几类情况：

（1）不是整套出租，蚂蚁短租平台暂时不接受单间、床铺等房源的发布申请。

（2）房屋设施陈旧或存在安全隐患。
（3）图片与文字描述不符。
（4）房源介绍中泄露房东联系方式、房源具体地址等隐私内容。
（5）房源信息或房东信息错误。

2.2.4　房源运营

房源发布成功通过审核后，房客随时都能预订房源。房东应随时关注蚂蚁房东助手的消息推送，如有房客咨询预订，请及时回复。

在蚂蚁短租平台管理房源，需要注意以下几个方面。

（1）及时更新房态（房源出租情况），确保房源可预订信息及时准确。
（2）及时更新房源价格和描述。
（3）及时回复房客咨询。
（4）及时确认房客订单。
（5）及时回复房客评价。

2.2.5　房源展现

（1）确保价格具有竞争力。
（2）提高房源照片精美度。
（3）增加房源特色描述。
（4）增加用户好评数量。
（5）及时回复房客咨询。
（6）没有违约或违反平台规定行为。

蚂蚁短租会根据以上内容精选推荐房源，也会根据房东是否及时回复房客咨询、订单确认时间、拒绝订单次数、服务是否周到等方面进行综合筛选。

房东也可通过蚂蚁短租的房源分享功能将经营房源在微信、微博等平台进行宣传推广。

2.2.6　房源管理

（1）安全方面：定期检查用电、煤气等相关设施，确保安全、无隐患。
（2）卫生方面：保持房源环境整洁干净。
（3）房间设施：确保房间设施齐全，可满足用户洗衣做饭需求，并附加使用方法等提示。

(4) 特色服务：可提供增值服务，如接送站、景点推介等。

蚂蚁短租为房东提供房屋内财产安全保障。

2.2.7 接单入住

1. 有人预订了我的房源应该怎么办

(1) 再次确认房客入住时间房源可预订。

(2) 确认订单，等待房客支付。

(3) 支付成功后，告知房客预订成功。

(4) 支付成功后，告知房客房东的联系方式。

2. 接单之后在房客来之前应该做什么

(1) 确认房客具体抵离信息。

(2) 确认钥匙交付方式。

(3) 确认双方紧急联系方式。

(4) 确认房客身份信息及所需入住证件。

(5) 确认房客是否需要车辆接送等增值服务。

(6) 提前完成房源保洁工作、检查设施设备齐全可用。

(7) 告知房客详细地址、标志物等便于房客抵达的交通信息。

如房客中有老人或小孩，请提前调整房源设施设备，标识易磕碰设施，减少安全隐患，方便房客入住。

3. 房客来入住的时候应该怎么接待

(1) 迎接房客，安排房客入住。

(2) 向房客介绍房间情况，讲解家电的使用方法以及开关按钮所在位置，方便房客操作。

(3) 介绍房源周边及目的地交通旅游等基本资讯。

(4) 确定押金及剩余房费金额及支付方式，以免产生不必要的纠纷。

(5) 尊重房客隐私，未经房客允许不要在房客入住过程中出入房源。

(6) 如房客在入住过程中遇到紧急问题，需及时协助处理。

4. 房客入住完成以后多久房东能够收到房款

房客每天入住结束后，第二个工作日蚂蚁短租会将房款汇入房东设置的默认收款账号中（节假日顺延下一个工作日办理），根据房东收款账户类型不同，到账时间不同，一般支付宝、财付通 1～2 个工作日到账、银行卡需 3～7 个工作日到账。

5. 蚂蚁短租收取多少服务费

蚂蚁短租会在交易成功订单总额中收 10% 作为服务费，在为房东结算房款时自动扣除。

6. 房东是否可以在房款之外收取保洁等服务费用

服务内容和费用标准需在蚂蚁短租平台公示，房东房客双方达成一致后，房东线下收取费用。如收费项目未在蚂蚁短租平台公示，或未与房客达成一致，则视为房东违约，房客有权拒绝支付。

2.2.8 房源实拍

1. 蚂蚁短租可以帮助拍摄照片吗

蚂蚁短租在北京、青岛、成都、上海、三亚等城市开通上门实拍服务。

2. 摄影师上门拍照是否收费

蚂蚁短租提供专业摄影师免费拍照服务，不涉及任何费用。照片版权归蚂蚁短租所有，未经许可，不可将其用于其他商业平台使用，一经发现，蚂蚁短租有权收回照片使用权。

3. 如何申请上门拍照

符合以下条件，可以拨打客服电话申请：

（1）个人房源：根据平台的标准安排房屋拍照，平台会提前和房东确认时间。

（2）精装修房源：以符合蚂蚁发布要求为准。

▶ 任务 2.3　途家

途家网成立于 2011 年 12 月，创始人兼 CEO 罗军，隶属于途家在线信息技术（北京）有限公司。途家网是一个定位于中高端的品质服务公寓预订平台，为旅行者提供旅游地度假公寓的在线搜索、查询和交易服务。其度假公寓采用酒店式管理和服务，创造集酒店、家庭为一体的住宿环境。途家网强调居家体验、物超所值、房型多样、自在私密的特点，适合全家行、自由行、深度旅行和休闲养老，其网站首页如图 2-8 所示。

图 2-8　途家网首页

途家网在中国结合本地化需求，尝试着改变国外的 HomeAway 模式，打造了行业内线上和线下结合 O2O 模式。据公开报道显示，其线上度假租赁平台目前共拥有在线房源 15 万套，已经覆盖了全国 184 个目的地，布局欧美、日韩、东南亚等海外 89 个目的地。

从线下房源类别上看，目前途家网主要分为公寓、别墅和特色住宿产品，其中公寓产品占 85%，而公寓在不同的城市其类型也可细分为海景公寓、温泉公寓、高尔夫系列公寓等不同主题。与此同时，途家网也在各大城市发力布局针对都市白领市场的白领公寓。在特色住宿产品方面，途家网相继上线了游轮、土屋、树屋、房车等产品，并不断丰富个性化产品。目前途家网主要精力在平台 APP 上，旨在吸引更多的用户。除此之外，途家网正与全国 130 多个城市的政府洽谈合作，结合当地景区以产品打包的形式呈现给消费者。

在国内信用体系不完善的环境下，途家网通过自营以及加盟的方式统一标准化管理线下门店，旨在通过线下体验支撑线上品牌影响力，是典型的 O2O 模式。其中对于加盟的门店，途家网通过向物业或者开发商收取品牌费的形式进行盈利，同时为实施标准化管理，途家网会亲自派"管家"监督管理，对于不符合的商家会扣分，多次违反者会直接下架。途家网目前在全国拥有 120 家直营店，近 90 家加盟店。

2.3.1　途家网商家入驻

扩展阅读 2.4
途家网商家入驻标准

1. 入驻标准

入驻途家之前，首先需要了解途家网商入驻标准。

2. 房源审核

如果使用中文发布房屋内容，通常 3 个工作日左右会完成审核；如果使用非中文发布房屋内容，由于涉及翻译时间，通常会需要 5 个工作日左右完成。如果房屋发布后，超过此时间范围却还未上线，请耐心等待或者联系途家网客服。

影响房屋审核进度的几个关键点：

（1）图片及内容真实详细、信息无逻辑错误（信息错误会延长审核时间）。

（2）有竞争力的出租价格（请注意设置的币种）。

（3）房态需要真实有效。

3. 房屋上线

审核通过后，房屋即发布上线至游客端展示，如需查看房屋，可以在途家网首页的城市列表页，按"房屋名称"关键字搜索。如果在收到房屋上线提醒邮件后，在房屋列表页并未找到您的房源，有可能因为缓存暂时未展示，请耐心等待；如果过了 24 小时还未在列表页展示，请联系途家 tujiasupport@tujia.com。

2.3.2 房态管理

打开途家网首页，登录后点击右上角的"商户系统"，进入房东管理界面。点击左边的"房态登记"，如房东有多套房源，先选择想管理的房源。点击日期下的库存数，如图 2-9 所示，图中方框展示的是该房源的库存数。

图 2-9 房态管理——选择房屋

然后选择日期，可打开或关闭房态，也可调整库存。注意：此处房态调整是面向该房源所有库存。例如，设置 2017 年 9 月 25 日房态关闭，将在网页前端显示该房在该日不可预订，如图 2-10 所示。

图 2-10　房态管理——房态维护

点击房源的"展开"按钮，显示该房源下的房间库存状态，选择日期后，可设置关房与取消关房。此处设置房态仅针对该房源下的一个库存。选择该房源 9 月 26 日的一个库存设置房态关闭，那么该房源的库存减一。只要库存大于零，房客网页前端仍可预订该日期下的该房源，如图 2-11 所示。

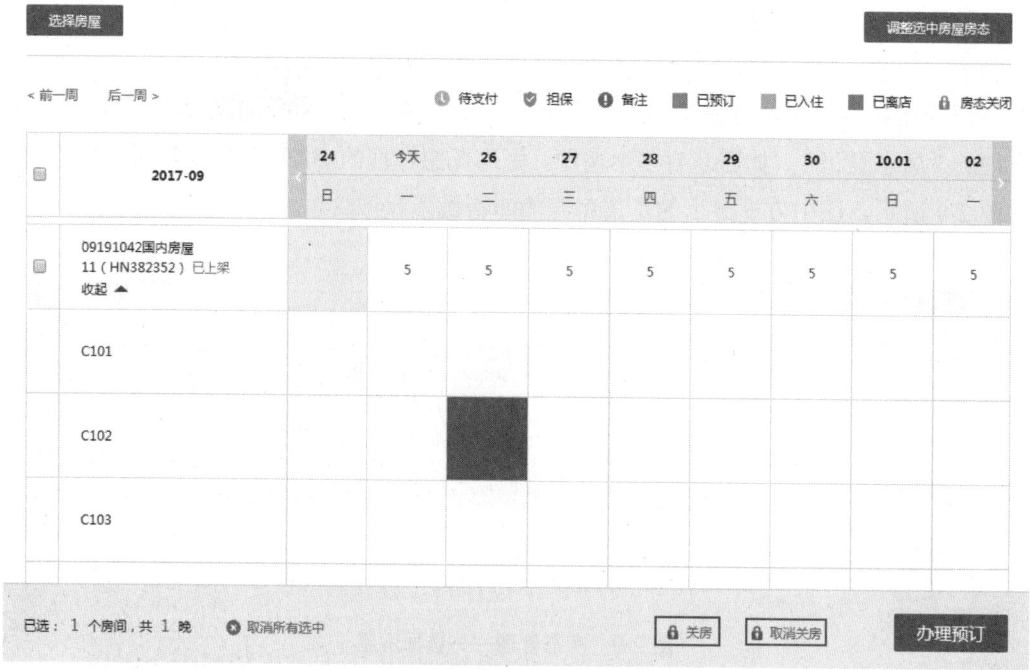

图 2-11　房态管理——设置房屋库

及时根据实际情况维护房态，不仅能提升房屋排名，更能防止出现无法接待的订单，影响排名。

2.3.3 房价管理

房价是指房型的间夜价格，包括基础价、折扣价。基础价指固定间夜价格；折扣价指长租或活动时折扣的价格，比如有7天、15天或30天长租的情况时，在基础价上会有固定的折扣优惠。基础价、折扣价均可进行设置管理。

打开途家网页，登录后点击右上角的"商户系统"，进入房东管理界面。点击左边的"价格管理"，如有多套房源，选择想管理的房源，设置基础价，点击基础价，如图2-12和图2-13所示，选择日期，修改价格，点击"保存"即可。

扩展阅读 2.5
途家民宿网分级说明

案例分析

图 2-12 房价管理——价格管理

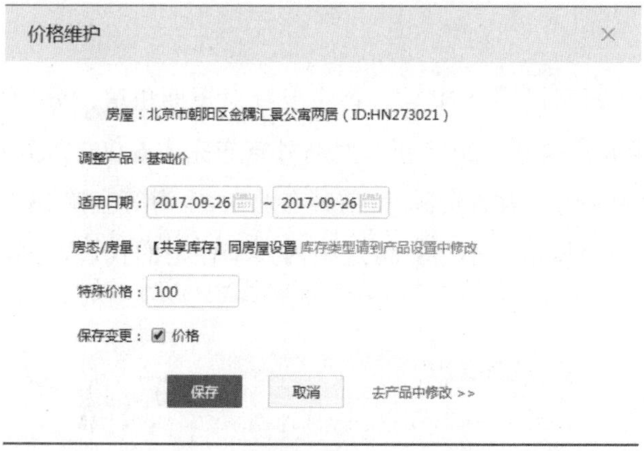

图 2-13 房价管理——价格维护

设置折扣价，与设置基础价相同。若房东想周末与周中设置不同的价格，点击左侧的"房屋管理"，选择想设置的房源，点击"编辑房屋"里的"价格"，再点击基础价格，选择调整日期，设置价格即可；若想设置更多折扣价，点击左侧的"房屋管理"，选择想设置的房源，点击"编辑房屋"里的"价格"，再点击"更多价格"，最后点击"添加新价格"。设置日期及折扣，最后点击"保存"，如图 2-14 所示。

图 2-14　房价管理——价格设置

新房设置比周边房屋稍低些的价格，将更易、更快成交第一单；同时根据淡旺季调整价格也将更容易成单，如旺季时，需适度上涨；淡季时，需适度下调。

任务 2.4　小猪短租

小猪短租是一个短租民宿 APP 软件，主要针对短期租房，分为房客版和房东版。小猪短租于 2012 年 8 月成立，2015 年 7 月对外宣布完成 6 000 万美元的 C 轮融资，这也是目前国内短租领域的最大融资额。目前其在北京、上海等全国 13 个城市设有分公司，房源覆盖国内 130 多个城市。小猪短租是国内共享住宿的代表，为用户提供民宿短租服务。

2.4.1　经营范围

小猪短租的经营范围有共享民宿、短租民宿、普通住宅等。房源包括普通民宿、也有隐于都市的四合院、花园洋房、百年老建筑，还有绿皮火车房、森林木屋、星空房等。

在小猪短租平台上，房东可以通过分享闲置的房源、房间或是沙发帐篷，为房客提供有别于传统酒店，更具人文情怀、更有家庭氛围、更高性价比的住宿选择，并获得可观的收益，而房客可以通过体验民宿，结交更多兴趣相投的朋友、深入体验当地文化、感受居住自由的快乐。

小猪短租为有房源、房间、沙发等闲置资源的房东，提供了免费的分享推广平台，房东不用支付任何费用就可发布房源信息。

小猪短租有线上运营及线下管理团队，为房东提供服务，并定期邀请房东参加营销推广活动，确保房东获得收益。

2.4.2　商业模式

1. 定位

小猪短租是定位于共享经济实践者、有人情味的在线社交短租平台，针对有旅行和过渡性住宿需求的青年群体。

1）需求

短租市场提供房屋多为个人房源且经过筛选把控，环境舒适，且租金价格相对低廉。普通住房需求方面，在一线城市生活的年轻一代倾向选择合租的方式来缓解住房压力，小猪短租可满足其节约成本的需求。

游客对于千篇一律的酒店较为厌倦，小猪短租的景点周边民宿房源可以让消费者体会极具特色的住宿体验，增加旅行的乐趣与满意度。

2）用户

小猪短租的用户以年轻用户为主，追求高性价比的住宿条件，并且有需要不定期外出的职业或者爱好。

2. 业务

个人房东通过小猪短租在线平台展示价格、位置、房屋图片等信息。其间，小猪短租专业团队为房东提供摄影、培训等个性化服务。用户可以从各旅游网站、旅游发现社区、小猪短租手机 APP 等进入小猪短租网站，查找适合的房源，与房东在线交流，通过第三方支付平台等方式完成线上预订交易。线下入住结束后房东与房客进行网上互评。在整个过程中，小猪短租平台提供针对房东和房客的相应保险服务。

3. 盈利模式及成本控制

小猪短租目前的模式是基于效果收费，交易后向房东收取10%的佣金，房东信息发布不需要交纳费用。未来不排除会增加其他的盈利模式。在成本控制上，小猪短租网不需要支付房屋租赁费用和装修费用，主要开销是车辆折旧、保洁员和服务员的人工费用等。员工实行全国调配，有效控制了人力成本。

4. 商业模式

小猪短租的商业模式锁定了客户需求，定位精准，其核心商业逻辑是整合闲置房源及配套设施。小猪短租在资源分配和商业模式上具有颠覆传统市场格局的价值，集住宿、社交、互联网、共享理念为一体：撬动短租消费市场和资源共享市场，打造社交平台，塑造一体化流程，建立绿色平台生态系统。小猪短租在同类平台中个人对个人（Consumer to Consumer，C2C）特征最为明显，是共享经济实践效果较好的、年轻的、富有活力的企业。

2.4.3 商家入驻

小猪短租已经上线支付宝服务窗口，可通过支付宝入驻小猪短租成为小猪的房东。

1. 调研民宿运营平台。
2. 学习 KEYS、HomeAway、番茄来了平台。
3. 民宿电商平台运行案例分析。

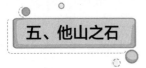

本部分参考内容请扫描扩展阅读2.7二维码阅读。

项目三　论坛攻略营销

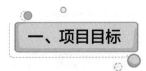

1. 了解软文营销、攻略营销及大众点评、猫途鹰、穷游平台；
2. 掌握马蜂窝、小红书平台运营。

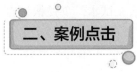

软文营销，是指通过特定的概念诉求，以摆事实讲道理的方式使消费者走进企业设定的"思维圈"，以强有力的针对性心理攻击迅速实现产品销售的文字模式和口头传播，如新闻、第三方评论、访谈、采访和口碑。

软文是基于特定产品的概念诉求与问题分析，对消费者进行针对性心理引导的一种文字模式，从本质上来说，它是企业软性渗透的商业策略在广告形式上的实现，通常借助文字表述与舆论传播使消费者认同某种概念、观点和分析思路，从而达到企业品牌宣传、产品销售的目的。

软文通过文字潜移默化地营销。普遍意义上的软文营销，基本都是从用户或者行业角度出发，通过细腻真实的细节描述，能够快速引起读者（用户）的共鸣和情感认同，实现品牌的软性植入，所以一篇好的软文是双向的，既让客户看到需要的内容，同时也了解了宣传的内容。

从传统纸媒到现在的新媒体，从国外到国内，有大量的企业通过软文营销低成本地获取成功。

脑白金软文赢天下

1998年，史玉柱拿着借来的50万元，准备用脑白金东山再起之际，其背后是负债3个多亿，如何用有限的资金让脑白金迅速打开销路，是史玉柱团队面临的严峻挑战。

压力就是动力，史玉柱带着他的团队决定用软文来打开市场，他们创作了几百篇软文，从中精挑细选了十几篇软文投放在平面媒体。他们的具体做法就是，首先在一些权威的报社刊登一些新闻软文，最早的文章有《人类可以长生不老吗？》《两颗生物原子弹》。这两篇文章表面上是普通的科普新闻，却抓住了用户渴望长寿和健康的普遍心理。《两颗生物原子弹》这篇文章，其实就是为客户包装脑白金这个概念，同时利用权威数据消除客户的质疑心理。

第二轮的软文有《一天不大便等于抽三包烟》《人体内有只"钟"》《夏天贪睡的张学良》《宇航员如何睡觉》《人不睡只能活五天》《女子四十,是花还是豆腐渣》,继续向客户传递健康科普知识,这一轮力度更大,为客户营造迫切需要解决问题的心理,最后刊登启事、留咨询电话,从而达到让客户主动找产品的目的。

在传统媒体行业,软文之所以备受推崇,第一大原因就是各种媒体抢占用户眼球竞争激烈,人们对电视、报纸的硬广告关注度下降,广告的实际效果不再明显;第二大原因就是媒体对软文的收费比硬广告要低得多,所以在资金不是很雄厚的情况下,软文的投入产出比较科学合理。企业可以从各个角度出发,以软文试水,以便快速打开市场。

迪拜七星级酒店的软文营销

迪拜有个七星级(目前是八星级)酒店,这个酒店建在一个人工岛上,外形酷似帆船,一共有56层,321米高,如图3-1所示。酒店在2007年后重点拓展中国市场时,没有投入一分钱广告费,只是在国内的几家报纸媒体做了几篇系列软文。

图3-1 迪拜帆船酒店

其中比较典型的是以下两篇:

《长江商报》2007年8月20日的报道《全球唯一七星酒店:24吨黄金装饰》;《北京青年报》2010年8月9日的报道《迪拜七星级酒店六成中国客,消费能力让人吃惊》。

这两篇文章的核心内容被新华网、人民网、搜狐、腾讯等各大门户网站争相转载,被其他平面媒体报道引用。结果帆船酒店成了国内富商、明星等争相参观的景点,以及入住的首选。

所谓软文，是带有某种动机的文体；而软文营销则是个人和群体通过撰写软文，达成交换或交易的营销方式。

新闻软文的主体是企业，是企业站在自身的角度进行策划的；新闻软文的目的是有利于企业的某项要求，不达目的的新闻对企业没有意义；新闻软文是以媒体的立场客观、公正地进行报道，用事实造成新闻现象和新闻效应。

酒店推广的软文，可以通过论坛、攻略类网站或APP发布。本项目将完成马蜂窝、小红书和穷游网的平台的学习。

三、实例任务

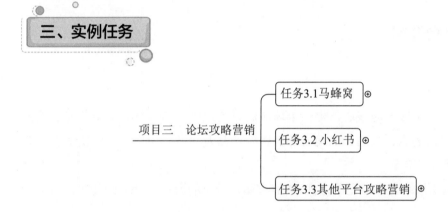

任务3.1 马蜂窝

马蜂窝旅游网（www.mafengwo.cn）由陈罡（前新浪员工）和吕刚（前搜狐员工）创立于2006年，从2010年正式开始公司化运营。马蜂窝的景点、餐饮、酒店等点评信息均来自于用户分享，是帮助旅行者制定自由行方案的旅行网站。2015年初，该公司发布自由行战略以来，逐渐探索出一条与传统OTA截然不同的营运模式——基于个性化旅游攻略信息构建的自由行交易与服务平台。

什么场景下用户会用马蜂窝？

用户希望马蜂窝解决什么问题？

小娜今年销售业绩不错，所以想春节去美国玩一下，签证已经办好了。但是具体行程还没定。

总共11天假期，是去美国东岸玩，还是去美国西岸玩呢？

听说美国是车轮上的国家，需要租车，需要自驾，那开车走哪条路呢？

美国不会都是汉堡包、热狗、炸薯条吧,其他西餐贵不贵,要是想吃中餐了怎么办?

去哪些景点玩呢,门票怎么买?

小娜英语不太行,有没有华人导游?

……

太多需要提前做的功课了。

自由行,尤其是出境游,是多么需要一个旅游指南。就像最著名的《孤独星球》一样,全球人民都喜欢看这本书,各个国家都有,各个景点都有介绍。

目前互联网时代,有很多能为旅行者提供信息的平台,马蜂窝就是其中之一。

3.1.1 平台介绍

1. 电脑端前台

马蜂窝以"自由行"为核心,提供全球旅游目的地的旅游攻略、旅游问答、旅游点评等资讯,以及酒店、交通、当地游等自由行产品及服务。所以,马蜂窝的首页是旅行游记,而不是广告。

马蜂窝的首页展示是以游记的方式,内容有用户分享的游记、攻略、经历等,如图3-2和图3-3所示。

图3-2　马蜂窝电脑端前台首页

项目三 论坛攻略营销

图 3-3 马蜂窝电脑端酒店首页

为了鼓励用户多多分享,马蜂窝推出了系列措施:进行个性化的界面创新,优化用户阅读攻略、撰写游记和行程的体验;通过旅游点评、旅游问答,马蜂窝以"所有人帮助所有人"的方式解决用户的疑问并提供决策参考；通过等级制度、虚拟货币（蜂蜜）、分舵、同城活动以及晾晒旅游资产般的"足迹"等，马蜂窝激励用户分享和互动。

2. APP 前台

通过马蜂窝，用户可以预订全球 140 万家国际酒店和民宿。马蜂窝站在自由行用户的角度，打破按行政区域预订酒店的传统方式，专门设计了按旅行兴趣区域划分酒店的方式，令酒店预订变得更加高效、轻松和有趣，用户在几分钟内即可完成全球各地的酒店和民宿预订。

马蜂窝 APP 界面同电脑端界面一样，打开首页显示的是用户游记，如图 3-4 所示。旅行者根据自己的需求，选择目的地，进行搜索，可以查看当地旅行攻略，辅助自己制定旅行方案。

图 3-4　马蜂窝 APP 页面

例如，某旅行者要去厦门鼓浪屿旅行，打开马蜂窝 APP，在搜索栏里输入目的地"厦门"，马蜂窝 APP 展示有游记、攻略、问答、商城、酒店等页面，旅行者通过浏览游记和攻略等，了解当地游玩的最佳路线和地点，确定住宿的位置，然后选择酒店区域查找酒店，对意向酒店的信息进行查看。在一般情况下，旅行者会查看酒店攻略描述以及评价，来决定是否进行预订，如图 3-5 所示。

图 3-5　马蜂窝 APP 酒店攻略及评价

3.1.2　申请入驻

申请入驻马蜂窝的步骤如下：

第一步，注册、登录。打开马蜂窝官网注册并登录平台（可用微信、微博及 QQ 绑定）。

第二步，查看 UID（用户身份识别号码）。点击右上角头像，选择"我的马蜂窝"。

第三步，复制 UID 并提交。新页面的地址栏最后几位数即为 UID 号，如图 3-6 所示，通常为 8～9 位纯数字；复制 UID 发给对应的马蜂窝商务拓展专员，开通相应后台权限。

扩展阅读 3.1
马蜂窝旅行商城平台商家合作费用收费标准

案例分析

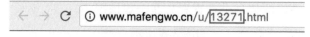

图 3-6　复制马蜂窝 UID

3.1.3　后台操作

凡入驻成功的商家，都会生成一个唯一且永久的商家身份代码，即商家 ID。商家可以登录马蜂窝后台，查看自己的商家 ID。

商家后台首页对应有不同的操作选项，点击不同的操作选项会跳转至不同的页面，马蜂窝商家后台管理系统登录地址为 https://seller.mafengwo.cn。

1. 账号管理

商家可通过账号管理，设置自己店铺的员工账号，在【店铺管理】栏点击【账号管理】，如图 3-7 所示。

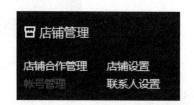

图 3-7　马蜂窝商家后台——店铺管理

在【部门结构】点击【新建】，可新建部门；点击【新建员工】，可增加、删除员工，并编辑员工权限，如图 3-8 和图 3-9 所示。

图 3-8　马蜂窝商家后台——新建部门、员工

图 3-9　马蜂窝商家后台——新建员工

2. 店铺设置

对店铺基本信息设置，包括店铺名称、店铺 logo 及店铺客服等。

（1）店铺名称。公司全称不允许变更，店铺名称如需修改，需要在线提交店铺名称修改的申请表单（链接为 https://jinshuju.net/f/n6l5Af），如图 3-10 所示。

图 3-10　马蜂窝商家后台——店铺名称修改申请

（2）店铺 logo。店铺 logo 可登录进入马蜂窝商家后台，在【店铺管理】栏点击【店铺设置】，如图 3-11 所示。

（3）店铺客服。

店铺 400 电话是一种主被叫分摊业务，即主叫承担市话接入费，被叫承担所有来电接听费用。目前广泛用于多行业售前售后服务咨询方面。现阶段所有接听费用统一由马蜂窝旅行网承担。

马蜂窝在线客服是帮助用户与商户沟通的重要沟通工具，促进用户的下单决策效率与商户客服服务的触达。马蜂窝商家申请开通马蜂窝店铺后，会默认开通在线客服。

扩展阅读 3.3 商家后台 400 电话、在线客服设置

案例分析

图 3-11　马蜂窝商家后台——店铺设置

填写公司全称、马蜂窝店铺名称，上传店铺 logo 和客服头像。

注意：

① logo 中不得包含马蜂窝以外的网站链接或任何引导马蜂窝用户前往第三方链接购买的说明；

② 图片尺寸为 150×150 像素，大小不超过 5M。

3. 店铺装修

1）开通权限

在马蜂窝商家后台编辑员工权限，如图 3-12 和图 3-13 所示。

项目三 论坛攻略营销

图 3-12 马蜂窝商家后台——编辑员工权限

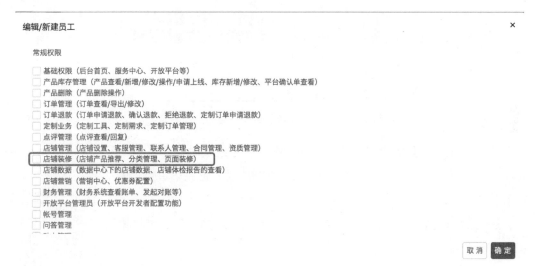

图 3-13 马蜂窝商家后台——编辑员工店铺装修权限

2）页面装修

在马蜂窝商家后台，在【自运营中心】栏点击【页面装修】，如图 3-14 所示。

图 3-14 马蜂窝商家后台——页面装修

点击【新建页面】可新增店铺的装修页面。新增页面可修改页面，在左侧预览区预览查看，如图 3-15 所示。

图 3-15　马蜂窝商家后台——店铺页面装修

可点击【编辑】按钮进入编辑页面，编辑时系统实时保存页面，若点击发布按钮，则列表页会显示"有更新未发布"，编辑完毕后点击【发布】按钮。

在页面列表中，依次点击【操作】【设为默认店铺页】，可将该页面设置为店铺首页。

4. 商品管理

登录马蜂窝商家后台，在【商品管理】栏点击【商品管理】，可管理马蜂窝店铺商品。

3.1.4　平台运营

1. 商品发布

登录商家后台（商家后台链接为 https://seller.mafengwo.cn/），进入马蜂窝管理系统，点击【商品管理】可以进行商品发布，如图 3-16 所示。

2. 我的马蜂窝

打开网站 www.mafengwo.cn，登录之后，点击"我的马蜂窝"。我的马蜂窝首页叫作"我的窝"，用户可以在这里参与"写游记""问达

扩展阅读 3.4
马蜂窝提供平台展示商品品类及佣金比例

案例　分析

扩展阅读 3.5
马蜂窝"当地游业务"酒店套餐品类的产品发布规范及上线标准

案例　分析

人""添加足迹"和"发布结伴"活动,如图3-17所示。

图3-16 马蜂窝管理系统——商品管理

图3-17 马蜂窝——我的窝

1)写游记

写游记,一般是旅行者在旅游过后,留下一些文字或图片进行分享。游记,更容易引起旅行者共鸣,更能帮助没有去过的朋友了解旅游地的风俗人情。

在马蜂窝平台上发布游记有两个入口，在首页的"我的马蜂窝"点击"写游记"，或在"我的窝"页面点击"写游记"，如图3-18所示。

图3-18　马蜂窝——写游记

在游记编辑页面，填写游记标题、正文，标记内可以插入图片、表情、视频、音乐等文案，也可以根据游记内容列出游记目录以助于引导阅读。此外，还需要设置游记头图。编辑完毕后，可以预览或直接发表游记，如图3-19所示。

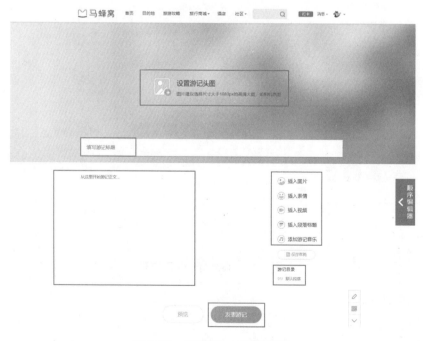

图3-19　马蜂窝——发表游记

发表后的游记,可以进行编辑内容,也可以设置封面、置顶。当自己发表的游记被点赞或收藏时,可以在马蜂窝后台首页的"消息"中查看到。

2)问达人

马蜂窝的问达人平台,是基于旅游的问答的分享平台。旅行者在问答平台上发表问题,其他用户跟帖回答,如图 3-20 所示。

图 3-20 马蜂窝——问达人问答首页

3)添加足迹

目前 APP 上暂时没有添加足迹功能。在网页端点击"添加足迹",按照提示选择要添加的城市,添加具体景点和相关评论,点击确定,即可添加足迹。在"我的足迹"

中可以按照时间或国家排序查看留下的足迹,如图 3-21 所示。

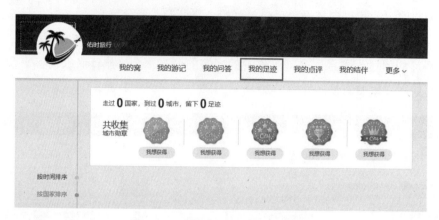

图 3-21 马蜂窝——我的足迹首页

4)发布结伴

发布结伴功能目前只支持浏览器,APP 上暂时没有发布结伴功能,发布步骤如图 3-22 所示。

图 3-22 马蜂窝——发起结伴

发起的结伴活动要求：拥有一个真实头像，并且等级在 5 级以上。

3. 马蜂窝等级

马蜂窝等级是"蜂蜂们"在马蜂窝的成长记录，代表着每个人在马蜂窝投入的时长。同时，等级也是"蜂蜂们"在马蜂窝的社交背书，是一种"江湖资历"的展示。一个高等级用户，一定是更了解这里、对这里更有感情和认同感的人，也使得新用户更愿意去结交和相信。等级的升高，是积累经验值的过程和结果，经验值可以通过每日做任务来获得，也可以通过日常行为来获得。

扩展阅读 3.6
马蜂窝等级对照

案 例 分 析

4. 马蜂窝攻略

攻略是一场旅行的情感与智慧，一种更高级的旅行指南。

攻略和游记有何区别？游记，顾名思义，是旅行的记录，是行程的回顾，是对"在路上"完全个性化的表达，通常不具备普适性；而攻略，是旅行指南，是旅行经验的传导，要求在有限的叙述内给旅行者足够多精确的信息。

马蜂窝优秀的攻略，一般须具备以下五个要素。

（1）真实准确。原创、真实、准确，是一篇攻略的底限，是善与美的基础。

（2）逻辑性强。一篇攻略解决一个问题，图文并茂，主次分明，言简意赅，条理清晰。大到《北海道四季玩法大公开》，小到《日本西瓜卡使用范围，购买充值西瓜卡 Suica 使用方法》，须透彻讲解，不宜宽泛粗浅，每篇不少于 800 字。

（3）创造价值。能否为他人带来参考价值，是判断一篇攻略优劣的首要标准。倘若能提供极具个性的玩法、极独到的发现、极酷的洞见，能见人之所不能见、为人之所不能为，创造感动或惊喜，则价值更甚。

（4）展示魅力。无论是流畅的行文，动情的表述，或是跌宕的经历，倾你所有，让他人领略你想要展现之旅行的独特魅力。

（5）提供路径。再美的旅行，也要告诉他人抵达的最优路径。清晰简洁的贴士，能帮助他人解决语言、交通、住宿、餐食、购物、玩乐等身心体验的种种障碍。

马蜂窝攻略的具体形态可以是但不限于以下八种。

（1）功能指南型。解决一段旅途中的某一具体问题，为他人提供便利，节省成本。

（2）深度介绍型。讲讲那个地方背后的故事，它的前世今生和曲折经历，将走马观花式的旅行"杀死在摇篮里"。

（3）个人评测型。从主观视角记述个人感受，让个性化体验成为独一无二的旅行参考。

（4）清单列表或横向对比型。在同一主题下，罗列不可错过的景点、街区、酒店、玩法，将个人推荐一一呈现。

（5）玩法路线型。讲解区域旅行的线路，帮助他人合理安排时间，规划行程。

（6）单一目的地型。全面透彻地介绍单一目的地的玩法，完整表述当地体验、行程建议与注意事项，让他人读完说走就走。

（7）单一体验型。

景点、演出、美食、酒店、玩法等，某个项目体验，其经典特色、游览路线、体验过程、人文故事、抵达方式、贴士提醒等，给予完整的表达和阐释。

扩展阅读 3.7
马蜂窝攻略
发文规范

（8）旅行常识与通用技能型。不局限于某一个目的地，而是适用于所有旅程的个人技巧型攻略，重在经验分享，如拍摄技巧、签证使用、机酒预订等。

5. 蜂首游记

1）什么是蜂首游记

蜂首游记，指每天零点之后，出现在首页的一篇游记。它置顶在首页，打开马蜂窝网站看到的"最大号"游记就是蜂首游记。

电脑上和 APP 上分别如图 3-23 和图 3-24 所示。

2）什么是蜂首

蜂首游记的创作者，就是"蜂首"。

3）蜂首有哪些荣誉和特权

（1）拥有蜂首身份标识，如图 3-25 所示。

图 3-23　电脑端蜂首游记

图 3-24　APP 端蜂首游记

图 3-25　蜂首身份标识

（2）成为"蜂首俱乐部"成员。蜂首俱乐部是蜂首才能加入的活动组织，是专属于蜂首的俱乐部。蜂首俱乐部会定期举办活动作为蜂首的福利。在这里可以结交更多热爱旅行、志同道合的朋友，如图 3-26 所示。

图 3-26　蜂首俱乐部活动

（3）蜂首俱乐部专属周边。马蜂窝会不定期设计蜂首俱乐部的专属周边，会员无申领门槛。

（4）蜂首专属大礼包。第一次成为蜂首后，马蜂窝会寄出精心准备的礼物纪念这独特的时刻。

（5）其他神秘福利。

▶ 任务3.2　小红书

小红书（www.xiaohongshu.com）由毛文超和瞿芳创立于2013年。小红书是一个生活方式分享平台，用户通过短视频、图文等形式记录生活的点滴。小红书用户数已超过3亿，月活跃用户数1.38亿。

和其他电商平台不同，小红书是从社区起家。社区的用户分享的笔记内容覆盖时尚、护肤、彩妆、美食、旅行、影视、读书、健身等各个生活方式领域。小红书旗下设有社区电商平台——"小红书商城"。

小红书旅行攻略酒店案例

民宿名字：厦门汐沫white设计民宿。

民宿以白色调为基调，每个房间都很独特哦，主打北欧风，非常适合拍照，也适合旅游度假，如图3-27所示。位于厦门环岛路，步行十分钟即可到达海滩，海滩比较干净，公交车到厦门各景点基本都在半小时以内。

图3-27　小红书民宿攻略展示照片

准备来厦门旅游的小红薯们可以去体验一下。

要么读书，要么旅行，身体和灵魂总有一个在路上。

世界那么大，我想去看看。

此攻略是房东自己写的文案并发布在攻略类 APP 上的。从图 3-28 中可以看到，房东的攻略文章被点赞 1 286 次，收藏 1 351 次，评论 33 条；小红书的评价如图 3-29 所示。

图 3-28　小红书民宿攻略缩略图

通过这个民宿攻略，我们可以看到，小红书社区以分享房源信息为主，包括图片、文字、视频等信息，可以引流其他 OTA 平台进行预订，也可以直接在小红书商城完成购买环节。同马蜂窝相比，小红书的界面更简洁。

在小红书的用户注册时，根据提示勾选兴趣爱好，用户每次打开小红书 APP 时，"发现"页面展示的笔记都是按照用户的兴趣爱好进行推送的。

在小红书用户发布分享笔记时，可以添加标签，标签会在头图上展示，这也是小红书的特别之处。通常标签可以是地点、品牌、商品、影视或用户，也可以自建标签，还支持添加语音标签。小红书 APP 不像网页版有栏目，小红书 APP 主要靠标签展现内容的，所以标签添加得越多，展现的栏目越多。

小红书发布的笔记可以分享微信好友、微信朋友圈、微博、QQ 好友和 QQ 空间，也可以生成长图、链接等方式用于分享。

图 3-29　小红书民宿攻略评论

3.2.1　小红书笔记

小红书以社交电商定位，通过用户生产内容的方式由消费者自己分享打造口碑社区，成为年轻人的生活方式分享平台，再通过构建商城打造商业闭环。所以，小红书笔记是小红书运营的最关键要素。

小红书利用算法推荐内容，满足用户多元化阅读需求，所以，运营小红书应着力深耕内容笔记、提升用户种草转化。要构建以价值用户为核心的小红书笔记内容。小红书笔记的核心在于用户需求的满足，激发用户的情感、行为、观点，从而让笔记内容达到种草效果。好的小红书种草笔记不仅可以让用户的价值观及知识渴求度得到满足，完成商品购买，用户在拔草的同时，也是自我选择的认同。图 3-30 所示是一家民宿的小红书笔记。

图 3-30　小红书民宿笔记

3.2.2　关键意见领袖（key opinion leader，KOL）

KOL 是营销学上的概念，通常被定义为拥有更多、更准确的产品信息，且为相关群体所接受或信任，并对该群体的购买行为有较大影响力的人。每个行业、每个圈子都有各自的一些 KOL，这些 KOL 在销售过程中，是价值形成和交换的源点，他们是销售工作的着力点。例如，早期微博邀请知名企业家、明星入驻，而这些知名的微博博主便是早期微博的 KOL，也正是这些人的入驻，吸引了一大批普通用户加入微博，关注他们并与他们产生互动。"名人效应"的利用对于微博实现早期用户的快速增长功不可没，以至于后来很多产品都在向微博学习。小红书 KOL 传播就是通过圈层（美妆、护肤、母婴、健身等方面）专业内容的持续产出，本身已聚集一批粉丝的小红书 KOL 们广布种草内容，实现与商业的对接。

小红书的崛起让不少品牌看到了机会，明星达人种草能力也让不少电商平台羡慕不已。在小红书的推荐机制里，小红书达人撰写的种草笔记根据算法会匹配搜索相关话题或者关注品牌的用户，看到种草笔记才能更加了解品牌宣传卖点并有很大概率引流至商城。具备带货能力的小红书明星 KOL 能极大缩短用户对品牌"认知—偏好—研究—比较—决策—购买—分享"的传统电商销售路径，其带给用户的消费决策建议能帮助突破电商品类繁多的选择困难症。需要强调的是，信息爆炸时代消费群体已经从本质上具备广告分析能力，对于广告的接受程度也开始变得明显起来——对硬性广告内容接受程度不高。事实上他们却又能接受小红书明星 KOL 包含了广告成分的良心推荐内容，所以优质内容驱动消费的营销方式，已经成了小红书推广的主流选择。

3.2.3 小红书达人

可以通过联系小红书达人，为自己的产品做推广。如图 3-31 和图 3-32 所示，是小红书达人分享的一些笔记。

图 3-31　小红书达人笔记（一）

项目三　论坛攻略营销

图 3-32　小红书达人笔记（二）

3.2.4　商家入驻

打开小红书电脑端首页，点击右上角导航"招商合作"，如图 3-33 所示。

图 3-33　小红书 PC 端首页——招商合作

进入招商合作首页，点击"第三方商家入驻"，如图 3-34 所示，根据提示完成商家入驻。

图 3-34　小红书第三方商家入驻

商家入驻流程：

第一步，注册。注册商家入驻系统，用注册邮箱和收到的原始密码，登录小红书商家入驻系统。

第二步，资质审核。

第三步，完成培训。完成小红书商家培训，并熟知平台规则后，登录商家管理平台开店。

第四步，填写入驻信息。填写公司信息、财务信息、店铺信息等，并提交相应的资质。

第五步，合同签署。可以在线上确认合同内容；审核通过后，小红书会邮寄纸质合同；在线下签署合同后，需将合同寄回。

扩展阅读 3.8
小红书国内商家入驻

任务 3.3　其他平台攻略营销

3.3.1　大众点评

大众点评网于 2003 年 4 月成立于上海。大众点评网是中国最早建立的独立第三方消费点评网站，着力于做本地生活信息及交易的平台。2015 年 10 月 8 日，大众点评网与美团达成战略合作,成立美团大众点评。大众点评不仅为用户提供商户信息、消费点评及消费优惠等信息服务,同时也提供团购、餐厅预订、外卖及电子会员卡等O2O交易服务。

大众点评移动客户端通过移动互联网,结合地理位置以及网友的个性化消费需求,为网友随时随地提供餐饮、购物、休闲娱乐及生活服务等领域的商户信息、消费优惠以及发布消费评价,它已成为年轻人本地生活或出门旅行的必备工具。

1. 商户收录

商户加入大众点评网有两种方式:消费者添加与商户自行添加。目前大众点评网对商户信息的收录是免费的。

消费者可以添加任一公开经营的、属点评网收录范围的商户。商户可以自行添加未被点评网收录的商户。收录后,大众点评网上即可建立商户页面。在商户页面,可以查看商户星级、消费者评分和点评,随时了解消费者对该商户的评价。商户可以通过"点评管家"后台,自行管理商户地址、电话;可以点击"报错"提交点评网站详细信息和商户页面的问题;可以对消费者的点评进行回应;可以上传商户的最新图片等。

商户自行添加收录的方法:打开大众点评网首页(www.dianping.com),点击右上角"商户中心",按照提示,分别完成"注册账号""认领门店"和"提交资质"步骤,如图3-35所示。

图 3-35　大众点评——认领门店

第一步，注册账号。

打开点评管家网页版（e.dianping.com/slogin?isrefer=false），点击"注册账号，免费入驻"，根据提示输入手机号，点击"获取验证码"并填写验证码，设置密码。

第二步，认领门店。

在门店认领页面搜索框输入门店关键字进行搜索，选择对应的门店进行认领即可。如果没有搜索到自己的店铺，在最下方找到"创建门店"字样，输入城市、名称、地区、地址、分类、电话号码、营业时间后，点击提交即可，如图3-36所示。添加门店通过审核后，即可在注册页面查询到门店，并进行下一步申请操作。务必确认搜索不到门店再添加新门店，重复添加门店将会被驳回。

图3-36　大众点评——添加商户

如果门店绑定错误，在点评管家首页点击"联系销售"修改即可。

第三步：提交资质。

完成注册账号——选择/添加门店后，即可提交资质。填写身份证信息：经营者姓名、身份证号、上传身份证附件；营业执照信息：营业执照状态、营业执照类型、注册号、营业执照名称、营业执照附件，如图3-37所示。最后，提交审核即可。

图 3-37　大众点评——提交资质

　　提交合作申请之后，大众点评网如有合作意向会在 5 个工作日内回复。如果超过 5 个工作日未回复，表示暂时没有合作意向。但合作信息已经录入信息库中，如有合作机会将会优先考虑该商户。点评管家 APP 和电脑端都可以查询合作申请进度。打开点评管家，进入首页即可以看到目前合作申请进度提示。大众点评完成筛选与初审后，商户会收到初审结果的短信。此外，商户入驻流程也可以通过"点评管家 APP"完成，如图 3-38 所示。

图 3-38 大众点评——移动端商户入驻

2. 商户运营

1）联系方式

个人用户可拨打 10100011（工作时间：周一至周日 8:00—22:00）；商家可拨打 0100107（工作时间：周一至周日 9:00—21:00）；在线联系方式为 http://kf.dianping.com/。

2）后台管理

店铺管理操作在点评管家后台中进行操作，如图 3-39 所示。

通过点评管家后台进行店铺管理、预约管理、数据分析、团购管理。

3）信息修改

如商户更换电话、修改商户信息、修改营业状态，商户点击商户详细信息下方的"报错"按钮，详细说明要变更的内容，点评网工作人员在两个工作日进行核实信息并处理。

如店铺改名并更换了经营范围，可以开通新的商户页面；如果只是改名未更换经营范围，不能开通新商户页面，可以更新商户信息。将商户页面链接和新商户名字发给大众点评网，工作人员核对后处理。

图 3-39　大众点评——点评管家

4）用户点评

用户点评是消费者在商户因消费产生的体验而发表的点评。用户点评是消费者通过发布分享消费体验的一种方式，可以作为其他消费者选择商户提供参考，也是消费者对商户经营服务情况的一种反馈。

商户可以在用户发布的点评后作出回应。消费者通常很看重商户对于用户意见的积极反馈、实际行动上的改进或提示。商户如发现可疑的虚假点评，可以直接举报，也可以联系大众点评网工作人员，告知点评日期、点评账号及其他更多相关信息，帮助大众点评网审核。如有消费者以大众点评网会员的名义要求折扣或以写点评名义免费消费，向商户索取好评甚至恐吓、勒索或敲诈商户，商户可以保留证据第一时间向点评网举报并提供相应资料甚至可以向警方报案。商户不可以直接联系发布点评的顾客。大众点评网不会将会员的隐私信息提供给商户，也不可以将商户的消息转发给会员。

5）点评有礼

点评有礼是指商户可以通过设置奖励红包，吸引在门店团购消费过的用户发表评论，从而积累提示口碑的营销工具。

第一步，登录点评管家APP（暂不支持电脑端）。依次点击"顾客营销""点评有礼"，如图 3-40 所示，初次进入时须进行手机验证码校验。

图 3-40　大众点评——点评有礼

第二步，创建活动。根据页面提示，编辑活动的奖券金额、奖励顾客数、适用门店、活动时间。

（1）奖券金额：每个消费者写评价后可获得的平台奖券面额（适用于美团／大众点评 APP，不限品类、门店使用）。

（2）奖励顾客数：活动期间，最多可获奖励的评价顾客数，先到先得；若未到设置的活动结束时间，奖励份数已发放完毕，活动则自动结束。

（3）适用门店：顾客在对应门店消费后写点评才可获得奖励；门店需有团购在线；同一门店不可同时在线多个"点评有礼"活动。

（4）活动时间：有效消费顾客在此时间段内书写评价才可以获得奖励。

第三步，费用预算。设置参数完毕后，系统将自动计算出活动预算，若点评有礼账户已有余额（之前活动剩余的费用），可在此步骤进行抵扣；所需支付款项仅为预收，若后续券未消费完（活动中途停止、券未全部发放），未实际产生的费用将退回商户的点评有礼账户。

第四步，费用支付。若需支付费用，进入"在线支付"，可选择团购账户转款或第三方支付，根据页面提示进行付款操作。

（1）团购账户转款：从团购结算账户余额中进行扣减，免去其他支付操作。

（2）第三方支付：支持支付宝、微信网上支付。

支付完成后，活动即设置成功。

第五步，费用结算。若商户还同时设置了商家团购抵用券（部分品类的门店可以设置），团购抵用券的营销费用将在用户持券二次到店验券消费后，从对应的团购结算款中扣除。

商户可以在"点评有礼"功能中对历史设置活动进行状态查看、变更、效果跟踪，或设置新的活动；可以在功能列表页顶部的"点评有礼余额"中查看剩余的款项，或进行提现操作；商户也可以再次发起新活动，使用点评有礼余额中的款项进行抵扣。

3.3.2 猫途鹰

猫途鹰（TripAdvisor）是面向全球的旅游网站（www.tripadvisor.cn），帮助旅行者发现每次旅行中的更多精彩。猫途鹰提供点评和建议，提供全球住宿、航空公司、景点和餐厅信息，帮助旅行者选择吃住玩乐；提供超过 200 家酒店预订网站，帮助旅行者找到满足他们所需且价格优惠的酒店；猫途鹰旗下公司及关联公司拥有和运营超过 20 个旅游媒体品牌网站，猫途鹰及旗下网站构成了全球领先的旅行社区，在全球 49 个市场的月均独立访问量达 4.9 亿次，其首页如图 3-41 所示。

图 3-41　猫途鹰电脑端首页

用户可以注册猫途鹰账号，并发布游记，如图 3-42 所示。

用户也可以切换目的国家，搜索酒店信息并预订，如图 3-43 所示。

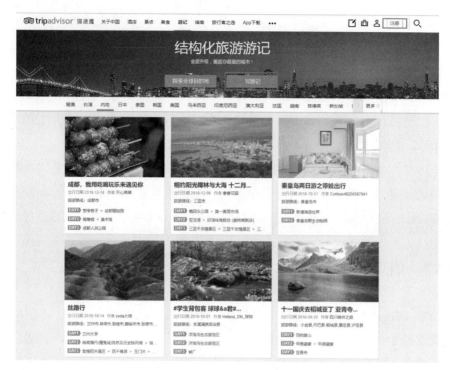

图3-42 猫途鹰——写游记

图3-43 猫途鹰——酒店预订

3.3.3 穷游

穷游网（www.qyer.com）最初由肖异于 2004 年在德国留学期间，在德国汉堡市的中国留学生宿舍诞生，网站名称为"穷游欧洲"，内容主要涉及欧洲自助游，用户多为欧洲华人及留学生。2006 年 2 月"穷游欧洲"改名为"穷游网"，加入了其他各大洲的自助游内容，如图 3-44 所示。至今已经发展为覆盖全球旅游信息的出境旅行服务平台。穷游网提供原创的出境游旅行指南、攻略，旅行社区和问答交流平台，以及旅行规划解决方案，同时提供签证、保险、机票、酒店预订、租车等在线增值服务。

图 3-44　穷游网电脑端首页

穷游网的核心产品有穷游社区、穷游锦囊、行程助手、穷游商城和海外之家。

1. 穷游社区

穷游的起点就是出境游社区，包含论坛、目的地、问答等多种功能。

1）论坛：汇集千万达人用户的游记攻略。用户在这里分享自己的旅途游记、干货攻略、旅行感悟，以及突发事件提醒等。优质游记攻略将被评为"精华"，推荐给更多用户。

2）目的地：穷游目的地提供全球超过千万个境外景点、美食、购物、活动地点的基础信息，通过整合接入穷游锦囊、点评、图片、攻略游记、穷游问答等形式的内容，全面介绍境外目的地的情况，服务用户境外自由行。

3）问答：用户互助解决关于旅行的各类问题，分享实用资讯，讨论交流。现在平台上已累积 70 万多次问答。

穷游 APP 为旅行者提供全球热门出境游目的地和新奇小众景点，针对特色美食，当地特色的活动和购物攻略等旅行资讯，该APP既提供来自千万用户的真实点评和图片，也提供来自穷游锦囊、旅行达人的推荐榜单。出境旅行者可以随时查看附近的吃喝玩乐目的地，也能轻松购买全球特价机票、酒店、景点门票、一日游、特色活动、当地交通卡、电话卡等旅行产品。

2. 穷游锦囊

穷游锦囊由来自全世界的资深旅行者为穷游用户撰写，每天更新出境旅行电子指南。现锦囊总数达 600 多本，涵盖 300 多个国家和地区，下载量过 2.3 亿次。

穷游锦囊 APP 于 2015 年 11 月全新上线。APP 内目前汇总 600 多本锦囊，并推出了杂志、话题、地图、问路卡等功能，在移动端为用户提供便捷的旅行指南。新版的穷游锦囊 APP 不仅帮助用户在出境旅行时获得实用的旅行信息，更为旅行者随时随地提供旅行灵感。

3. 行程助手

行程助手是穷游开发的一款旅行规划类工具产品，为个人旅行者以及企业用户提供行程解决方案。针对企业的行程助手企业版本现已上线。

穷游行程助手 APP 于 2015 年 1 月在 APP 商城上线，是一款为用户智能推荐行程的工具类 APP。用户可根据出行地点创建旅行行程，点击智能规划后即可得到一份人性化的路线安排。APP 内所有目的地支持信息查看及点评，用户可以通过增减目的地调整专属个性化行程，并一键购买。创建完成的行程支持地图模式查看，方便计算最佳路线，并可直接导出送签行程单和详细行程单。另外，行程助手 APP 现开发查看周边、问路卡、同游分摊花费等工具。

行程助手行程库覆盖境内外 200 多个国家和地区、10 000 多座城市，2016 年 7 月平台上总行程量已突破 1 000 万公里。

4. 穷游商城

穷游商城原名为穷游折扣，2013 年更名为穷游"最世界、自由行"商城，是旅行产品和服务的电商平台，提供自由行折扣精选，包含全球特价机票、酒店、自由行、保险、景点门票等九大商品。

其中"最世界"城市漫步（City Walk）是穷游自主开发的注重人文理念的旅行社交产品。以小团队、专业讲解、本地视角为特色，围绕"travel as a local"这一概念，由一位能讲述"城事"的向导带领大家发掘城市背后的魅力。目前，全球 16 座城市共有 28 条 City Walk 上线。

5. JNE

穷游旗下的旅行生活美学品牌（journey never ends，JNE），定位于旅行创意与生活的新工场，JNE 通过创新设计，打造优质旅行周边产品，包括原创旅行装备、服饰和配件等。

6. 海外之家

穷游海外之家 Q-Home 汇集旅行社、旅行咨询中心、穷游海外据点、中外文化交流平台等多项功能于一体。首家穷游 Q-Home 于 2015 年 8 月落户清迈。一年后的 2016 年 8 月，位于日本京都的 Q-Home 正式营业。第三家新西兰皇后镇 Q-Home 于 2017 年投入使用。

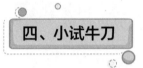

1. 搜索旅游类网站或其 APP（包括 OTA 平台），查看旅行游记，整理酒店攻略 3～5 篇。
2. 汇总酒店攻略的内容、特点。
3. 撰写酒店攻略。

本部分参考内容请扫描扩展阅读 3.9 二维码阅读。

自建电商平台篇

项目四 独立网站运营

1. 掌握利用第三方平台建站、搜索引擎优化；
2. 了解网站建站、搜索引擎推广；
3. 理解竞价排名。

丽江悦榕庄网站的百度推广

打开百度网站首页（www.baidu.com），在搜索栏中搜索"丽江酒店"，如图4-1所示。

图 4-1　百度搜索"丽江酒店"

在搜索结果页面中,排名前三的分别是缤客(booking)和携程网站,在网站名称或网址右侧均有"广告"字样,这是缤客和携程开通了百度推广。搜索结果页面排名在第四名的网站是丽江悦榕庄酒店的网站,该网站是百度搜索该关键词自然排名第一名的网站。点击进入悦榕庄酒店网站,网站提供5种语言:中文、英文、韩文、俄文和西班牙文,如图4-2和图4-3所示。

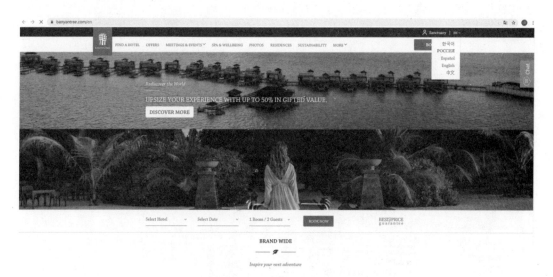

图 4-2　悦榕庄酒店网站英文版

图 4-3　悦榕庄酒店网站中文版

在首页的酒店预订栏中,选择地点、入住和离店时间及房间数、人数,点击"现在预订",如图4-4所示。

| 丽江 ∨ | 15 Sep - 16 Sep ∨ | 1 Room / 3 Guests ∨ | 现在预订 | BEST PRICE guarantee |

图 4-4　悦榕庄酒店网站预订栏

跳转酒店预订页面，查看客房信息，如房型、类型、面积、设施、含早餐情况及价格等，选择好房型后，点击"立即预订"，如图 4-5 所示。

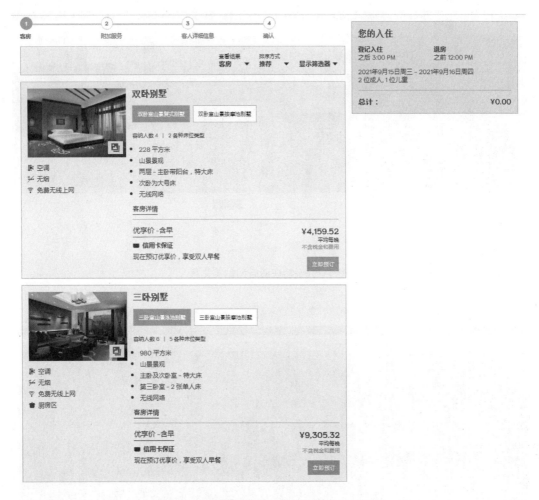

图 4-5　悦榕庄酒店网站酒店预订——客房

选择附加服务，填写客人详细信息，如姓名、电话、地址、特殊需求、接送服务、付款信息等，点击"完成预订"，实现在线下单，如图 4-6 和图 4-7 所示。

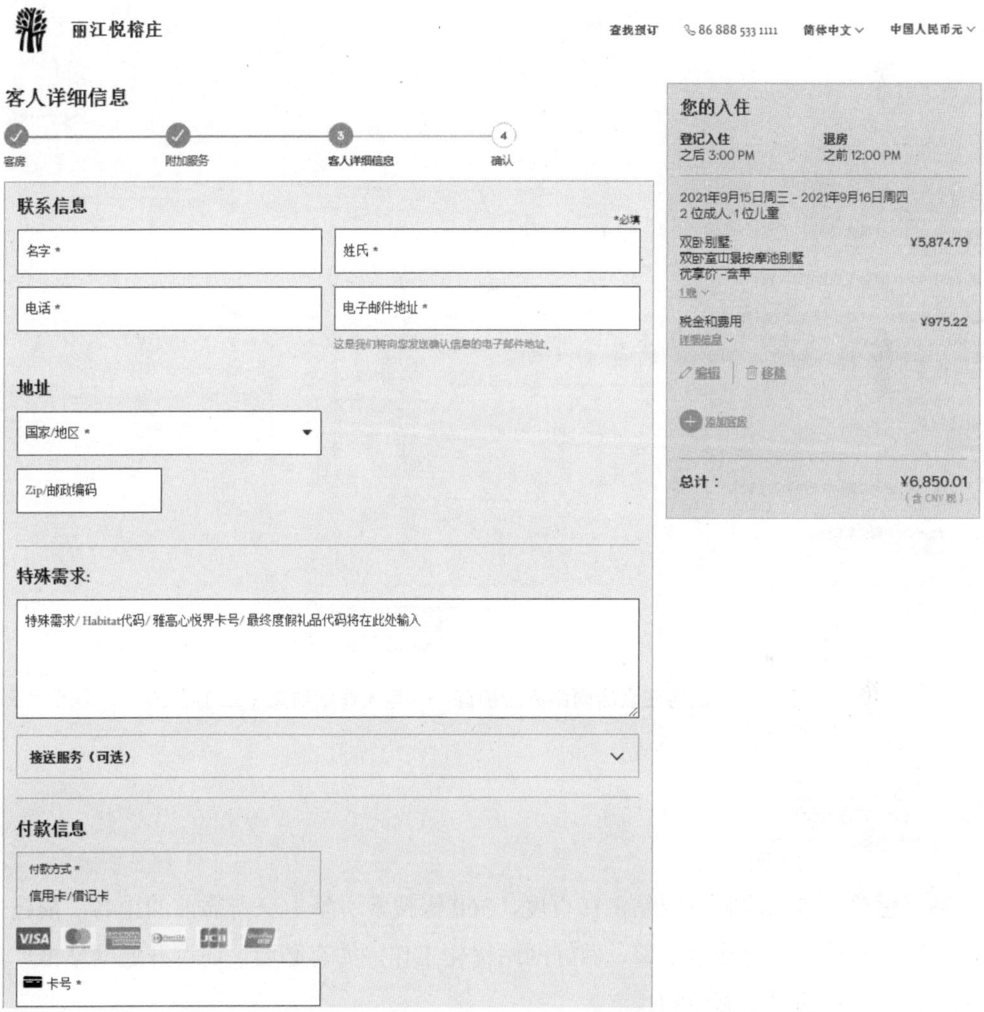

图 4-6　悦榕庄酒店网站酒店预订——客人详细信息（一）

图 4-7　悦榕庄酒店网站酒店预订——客人详细信息（二）

三、实例任务

酒店想要将自己的官方网站，在百度、360 等搜索引擎上获得靠前的排名，需建立自己的官方网站并提交搜索引擎、做好网站优化工作，如有必要，还可开通网站推广，通过关键词竞价获得更靠前的排名。

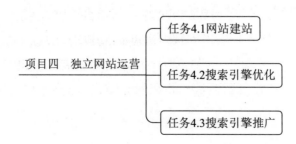

任务 4.1 网站建站

随着国内电子商务热潮持续升温,尤其是国民经济发展中的主力军——中小企业,更是意识加快其网络营销应用的重要性。近年来酒店自建网站不仅为酒店树立企业形象,已然成了标配;此外,由于 OTA 平台对酒店的各种约束导致自建网站成为必然趋势。

网站(website)是在互联网上,根据一定的规则,用 HTML 等软件工具制作的用于展示特定内容的相关网页的集合。网站由域名、网站空间和网站源程序三部分构成。

4.1.1 申请域名

网站要拥有自己的域名,域名在国际互联网上是唯一的。一般来说,在建立网站之前就可以申请域名,将建立的网站设置在网络服务器上,浏览者只需要在浏览器上输入域名,就可以随时随地浏览网站。

1. 域名含义

域名(domain name)是由一串用点分隔的名字组成的互联网上某一台计算机或计算机组的名称,用于在数据传输时标识计算机的电子方位(有时也指地理位置)。就如同我们要在地球上找到一个地址一样,有了这个唯一的标识,我们就很容易找到想要找到的地点;如果想让我们的网站在互联网上被访问,就要有一个域名。

域名是互联网络上识别和定位计算机的层次结构的字符标识(如华住酒店官方网站域名地址为 www.huazhu.com),与该计算机的互联网协议(IP)地址相对应(如华住酒店官方网站 IP 地址 180.97.232.86)。IP 地址(IPv4)是由 4 个小于 256 的整数组成,数字之间用点分割,IPv4 的地址位数为 32 位;IPv6 采用 128 位地址长度,可满足互联网的迅速发展而引起的地址空间不足的需求。域名的目的是为了便于人们记忆的网站地址,IP 地址是由一些数字组成,不便于记忆,因此有了域名系统(domain name system,DNS)。域名系统将域名和 IP 地址互相关联映射,这样,人们只需要记住域名,用域名去访问网站,而无须记忆烦琐的 IP 地址。

2. 域名构成

国际互联网络域名系统由互联网名称与数字地址分配机构负责管理和协调。域名由两组或两组以上的美国信息交换标准代码或各国语言字符构成,各组字符间由点号分隔开。根据互联网名称与数字地址分配机构的定义,一个完整的域名至少包括两个部分,各部分之间用"."来分隔,最后一个"."的右边部分称为顶级域名,也称为一级域名;最后一个"."的左边部分称为二级域名;二级域名的左边部分称为三级域名,以此类推,每一级的域名控制它下一级域名的分配,如图4-8所示。

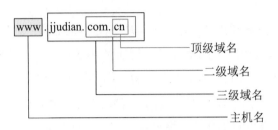

图4-8 域名的级别

顶级域名分为三类:一是国家和地区顶级域名,目前200多个国家和地区都按照《国家和所属地区名称代码》分配了顶级域名,如中国是cn,日本是jp等;二是国际顶级域名,如表示工商企业的.com,表示网络提供商的.net,表示非营利性组织的.org等;三是新顶级域名,如.xyz、.top、.art、.ltd、.club、.shop、.ren、.在线、.我爱你等。

国际域名包括许多欧洲语言中必须使用的带有变音符的拉丁字母,或由非拉丁文字母组成的字符,如阿拉伯文和中文。因为输入习惯及技术性原因,以英文为基础的域名(即英文域名)仍然是主流。

各级域名的详细说明,如表4-1所示。

表4-1 各级域名的详细说明

级别	说明	举例
顶级域名	在国际互联网域名体系中,对顶级域名进行了划分,顶级域名包括以下几种。 国家和地区顶级域名(Country Code Top Level Domain,ccTLD):对应国家、地区的地理位置。 通用顶级域名(Generic Top Level Domain,gTLD):供一些特定组织使用的顶级域,对应不同类别的域名。 新通用顶级域名(New Generic Top Level Domain,New gTLD):也称新顶级域名、新顶域等。新顶级域名后缀是在传统域名后缀资源日趋枯竭的情况下开放注册的,首批新顶级域名于2012年批准并集中于2014年开始面向全球开放注册	ccTLD: 如".cn"代表中国、".us"代表美国等。 gTLD: 如".com、.net、.org"等。 New gTLD: 如".com、.org、.info"等
二级域名	顶级域名之下的域名。在二级域名中,通常有两个"."号。"jiudian.com/contact/"这种目录形式并不是二级域名,而是子页面	如".gov.cn""org.cn"等
三级域名	二级域名之下的域名,即为二级域名加上左侧内容。三级域名可以当作二级域名的子域名	如"jiudian.com.cn"

3. 域名命名

域名应该简明易记、便于输入，这是判断域名好坏最重要的因素。一个好的域名应该短而顺口，便于记忆，最好让人一眼就能记住。域名要有一定的内涵和意义，用有一定意义和内涵的词或词组作域名，不但可记忆性好，而且有助于实现企业的营销目标。如企业的名称、产品名称、商标名、品牌名等都是不错的选择，这样能够使企业的网络营销目标和非网络营销目标达成一致。域名具有唯一性，而域名资源越来越少，尤其是简短富有意义的域名越来越少，企业如何选择域名呢？如企业拼音首拼字母、企业所在地+首拼字母，或者企业首拼字母+行业英文都可以，一些知名连锁品牌有自己的品牌缩写，也可以写地域+品牌缩写的组合。例如，北戴河海岸线酒店，可以起名 haxjd.com、bdhhax.com、haxHotel.com。

不同后缀类型的域名有不同的命名规则，为了成功注册域名及通过域名命名审核，必须遵循相应的域名命名规则。

若域名为实体组织注册的域名，且域名中含有"中国""国家""中华""全国"等字样或具有相同含义的其他中英文字符，则该域名必须由对应权益主体申请注册，个人或非对应实体组织未经授权不得注册，否则域名命名审核不予通过。若注册单位名称是冠以"中国""国家""中华""全国"开头的，请在域名注册信息模板实名认证通过后，通过工单提交以下资料尝试申请：注册者及注册者联系人彩色身份证明文件照片或扫描件；加盖注册者公章的域名申请说明书，需写明申请注册的域名、注册者名称、注册者联系人姓名及注册该域名的用途。若域名命名中含有《互联网域名管理办法》禁止的内容，则该域名不能提交注册或不能通过域名命名审核。

一般按照网民的习惯，以".com"为后缀的域名用的最为主流，其次是".cn"".net"".org"等。

4. 域名注册

可以注册购买域名的平台很多，如阿里云、腾讯云、华为云等，这里以阿里云为例。阿里云平台提供域名注册、交易、备案、云解析DNS等功能，打开阿里云官网网站（www.aliyun.com），如图4-9所示。

点击导航栏"产品"，查看阿里云产品列表，如图4-10所示。

在"查域名"搜索栏中输入要查询的域名地址，如"ynjd"（云南酒店拼音首字母缩写），顶级域名可以在下拉列表里选择，也可以按照默认的".com"查询，点击"查询域名"按钮，如图4-11所示。

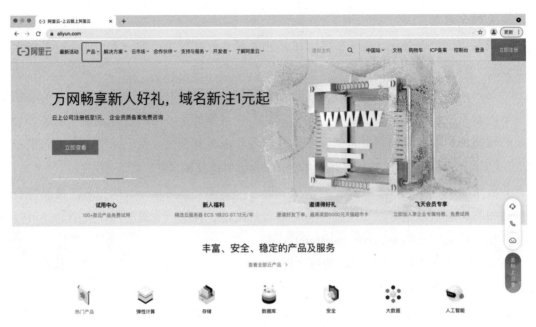

图 4-9　阿里云官网首页

图 4-10　阿里云官网产品列表页面

项目四　独立网站运营

图 4-11　阿里云万网首页

在"ynjd.com"域名查询结果页面,可以看到不同顶级域名的查询结果,如图 4-12 左图所示。在域名查询结果中,ynjd.com 显示"已注册",可以"委托阿里云购买",点击域名右侧的"Whois 信息",可以看到此域名的注册者的详细信息,如图 4-12 右图所示。

图 4-12　阿里云万网"ynjd.com"域名查询结果和注册信息页面

107

在"ynjd.com"域名查询结果页面，也可以在顶级域名的下拉列表里选择其他顶级域名，如选择".cn"".net"".club"".com.cn"等，如图4-13所示；可查看其他顶级域名的注册情况，如图4-14所示，".net"".cn"顶级域名均已被注册，显示".com.cn"可注册及注册价格。

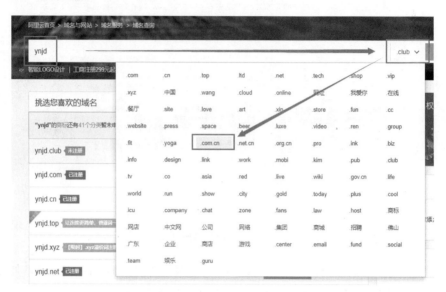

图4-13　阿里云万网"ynjd"选择顶级域名页面

图4-14　阿里云万网"ynjd.com.cn"域名查询结果页面

也可在搜索栏中更换域名地址,查询其他域名的注册情况,如图 4-15 所示,查询"ynkz""ynms"等地址。

图 4-15　阿里云万网"ynkz"和"ynms"域名查询结果页面

通过查询域名注册信息,可在查询结果页面找到想注册的域名地址,点击"立即购买",如图 4-16 所示;根据提示,完成支付,如图 4-17 所示。

图 4-16　阿里云万网域名购买页面

图 4-17　阿里云万网域名购买支付页面

购买域名时，选择"个人"或"企业"作为域名持有者，注册阿里云平台账号。购买域名后，在阿里平台登录后台账号，点击阿里云万网首页导航栏"控制台"可进入网站管理后台；直接点击域名搜索栏右上角的"管理我的域名"，可进入域名管理后台，如图 4-18 所示。

在阿里云工作台——域名管理后台，可以查看账号下域名注册情况并进行续费、赎回、转入、购买二手域名、续费、解析等操作，如图 4-19 所示。

域名列表中，点击某域名右侧的"管理"操作，可查看该域名的基本信息，如域名持有者、联系人邮箱、认证情况、认证证件信息、注册日期、到期日期、域名状态、DNS 服务器等信息，如图 4-20 所示。

项目四 独立网站运营

图 4-18 阿里云万网首页"控制台"和"管理我的域名"

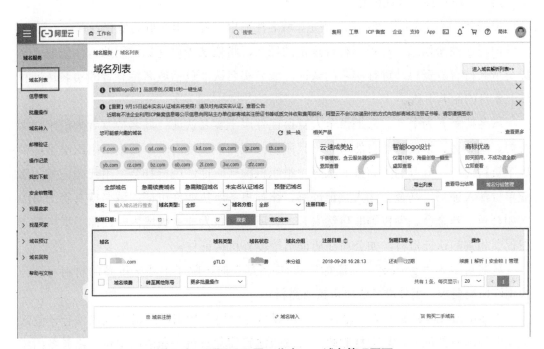

图 4-19 阿里云万网工作台——域名管理页面

图 4-20　阿里云万网域名管理——域名管理页面

域名购买后，进行实名认证，点击图 4-20 左侧菜单中的"域名持有者实名认证"，根据提示，填写实名认证信息。

根据《互联网域名管理办法》规定，域名注册申请者应提交域名持有者真实、准确、完整的域名注册信息，对于不符合规定的域名，将依法予以注销。因此，注册域名需提交域名持有者资料，进行实名制认证。域名实名认证包括域名持有者的实名认证和域名本身的命名审核。

域名持有者为个人，需提供个人身份证件用于实名认证；域名持有者为组织（如公司、基金会、学校等非自然人），且所属区域为中国境内时，需根据组织类型提供以下资料之一：有效的工商营业执照、组织机构代码证、统一社会信用代码证书、事业单位法人证书、基金会法人登记证书、律师事务所执业许可证；域名持有者为组织（如公司、基金会、学校等非自然人），且所属区域为非中国境内时，需根据组织类型提交相关的认证资料，如公司注册证书等境外机构证件。

域名后缀为".gov.cn"".商标"和".餐厅"时，除了上述需准备的材料，还需根据注册局要求，另外准备资质审核所需材料。

".gov.cn"域名是一类专属域名，该域名专门用于我国党政机关或依法行使党政机关职能的单位网站，只支持党政机关或依法行使党政机关职能的单位（需具备组织机构代码证，且机构类型为机关法人）注册，企业和个人不允许注册。

".商标"域名是以商标两个汉字作为域名后缀的新通用顶级域名。注册".商标"域名后，必须完成域名实名认证和资质审核，域名才能正常使用。

".餐厅"域名注册后需通过资格审核，否则无论域名是否完成实名认证，都将进入域名解析暂停服务状态。

根据《互联网域名管理办法》和相关法律法规要求，域名注册信息须真实、准确、完整。未通过实名认证的域名（含域名命名审核和注册人资料实名审核），域名注册服务机构不得为其提供服务。域名实名认证完成后，可在域名管理后台查看实名认证状态，如图 4-21 所示。

图 4-21　阿里云万网域名管理——域名管理页面

5. 域名解析

互联网上的每台电脑都会被分配一个 IP 地址，实际上数据传输是在不同的 IP 地址之间进行的。用户访问一个网站输入域名地址，会转换为 IP 地址，这项工作实际上就是通过域名解析完成的。域名解析工作由 DNS 服务器完成，每个域名一般至少有两个 DNS 服务器，如有一个 DNS 服务器出现故障，则会使用另一个 DNS 服务器的数据。

通过阿里云域名管理——域名解析管理后台，可以云解析 DNS，把网站域名或应用资源转换为数字 IP 地址，从而将最终用户的访问链接相应的网站或应用资源上。登录云解析 DNS 控制台（dns.console.aliyun.com），在域名解析页面——全部域名页，单击域名，进入解析设置页面，单击"添加记录"，在添加记录会话框中，填写记录类型、主机记录、解析线路、记录值和缓存时间。记录类型：选择 A；主机记录：一般是指子域名的前缀（如需创建子域名为 www.ynjd.com，主机记录输入 www；如需实现 ynjd.com，则主机记录输入 @）；解析线路：选择"默认"（默认为必选项，如未设置会导致部分用户无法访问）；记录值：记录值为 IP 地址，填写 IPv4 地址；缓存时间：数值越小，修改记录各地生效时间越快，默认为 10 分钟，如图 4-22 所示。

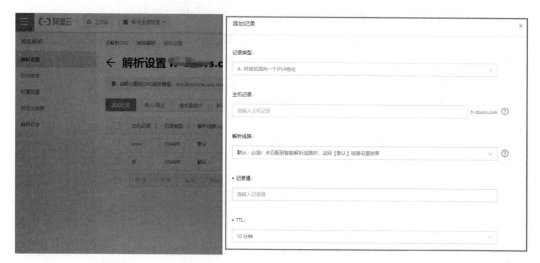

图 4-22　阿里云万网域名解析设置

一般的，域名解析同时添加"www"和"@"记录，添加成功后，用户可以通过"www.ynjd.com"或"ynjd.com"访问网站（以域名 www.ynjd.com 为例）。

6. 网站备案

网站备案是指向主管机关报告事由，存案以备查考。网站备案的目的就是为了防止在网上从事非法的网站经营活动，打击不良互联网信息的传播。如果网站不备案的话，很有可能被查处以后关停。

网站备案是根据国家法律法规需要网站的所有者向国家有关部门申请的备案。企业凡经营有偿信息发布网站，需办理电信与信息服务业务经营（Internet Content Provider，ICP）许可证规范业务。即包含互联网有偿信息服务的企业，均需要办理 ICP 证。具体来说，企业的主要经营业务，如果包括在线销售服务、在线点击支付、点击广告招商、会员收费等业务内容，则需要办理。特别需要指出，有会员收费、点击收费的业务内容，强烈建议办理，以免造成不必要的风险。若未经审批擅自开展业务，涉嫌违规经营，由相关主管部门依法责令限期改正，给予罚款、责令关闭网站等行政处罚；构成犯罪的，依法追究刑事责任。中华人民共和国电信与信息服务业务经营许可证，是指一般性经营性网站的主办者向当地区县申请的证书证明。根据《互联网信息服务管理办法》（国务院 292 号令）的有关规定，经营性 ICP 备案是指，企业通过网站从事有偿信息服务根据相关部门规定需要办理进行经营性 ICP 备案，即 ICP 许可证。

1）网站备案要求

办理 ICP 许可证对申请者的网站有要求：申请者需要有正常运营的网站，即网站已完成备案并可正常访问；申请者的网站备案主体需要与申请者的公司主体名称一致。申请者需要满足的申请条件有：经营者为依法设立的公司、有正常运营的网站（网站备案主体需要与申请资质的公司主体名称一致）、有与开展经营活动相适应的资金和专业人员、有为用户提供长期服务的信誉或者能力、注册资金最低限额为 100 万元人民币、有必要的场地、设施及技术方案、公司及其主要出资者和主要经营管理人员 3 年内无违反电信监督管理制度的违法记录及国家规定的其他条件。

2）网站备案资料准备

ICP 许可证的申请时，准备好基本资料上传提交，经过初审、材料确认、受理后，大约需要 1～3 个月即可下发证书。所需提交的资料有：法人签署的书面申请、营业执照（有效复印件）或企业预登记名称证明、公司概况、公司近期经会计事务所或审计事务所审定的财务报表或验资报告、公司章程、业务发展计划及相关技术方案、互联网信息服务经营许可证申请表和信息安全责任书（外资、合资或其他情况材料）。

3）网站备案资料提交

准备好资料便可登录备案平台网址（备案平台网址是由服务器提供商提供）进行注册，注册成功后按照步骤和提示进行相关证件的提交与公司基本信息的填写，之后就可以等待服务器提供商进行初审，初审未通过会有短信通知，登录备案平台查询未通过原因，整改后再提交等待初审。初审通过后下载网站核验单，根据要求进行打印、盖章、扫描，有的平台只需要上传扫描件，有的平台需要邮寄至指定地址进行纸质文件的核验，以上工作做好后，服务器提供商会提交企业所在省的通信管理局进行终审，各省份的审核时间不同，一般在 20 个工作日内完成，通过后客户的手机和邮箱都能收到提示，内容包括备案号码和密码。号码和密码需要妥善保存，方便后期变更备案信息等使用。目前备案的流程越来越正规化。例如，阿里云平台已经开始使用人脸识别技术，即初审阶段需要管理员下载阿里云的 APP，登录后根据提示进行人脸识别与互动认证，通过后才能进行下一步的审核。

4）网站备案注意事项

网站负责人半身照的幕布是空间或服务器提供商提供的，每家服务商提供的样式不同，此幕布通常是提交备案前期服务器提供商以邮寄的方式送达企业，使用后无须回寄。通信地址要详细，明确能够找到该网站主办者（若无具体门牌号，需在备案信息中备注说明"该地址已为最详，能通过该地址找到网站主办者"）。网站管理员手机号用于接收登录备案平台时使用，整个备案过程需接收 5 次左右，电话号码归属地一定与企业所在地保持一致。网站管理员尽量使用本企业法人，因为只有企业法人不存在流动性，使用企业其他人员容易在备案后期抽查审核时无法及时联系当时预留信息的管理员，造成电话不能接通或接通后反馈已经不负责企业网站管理工作，这样就需要进行网络整改，不及时整改备案号就会被取消，甚至关闭网站。网站主办者只能以企业名义报备。个人只能报备个人性质网站。网站名称不能为域名、英文、姓名、数字或 3 个字以下。网站主办者为企业或者个人的，不能开办"国"字号、行政区域规划地理名称和省会城市命名的网站，如"中国××网""云南××网"或"大理××网"。网站名称或内容若涉及新闻、文化、出版、教育、医疗保健、药品和医疗器械、影视节目等，需提供省级以上部门出示的互联网信息服务前置审批文件。

备案成功后可以通过域名备案管理系统（beian.miit.gov.cn）查询相关信息。网站经注册、解析、备案后，可在阿里云万网域名管理后台点击"域名证书下载"下载域名证书，如图 4-23 所示。

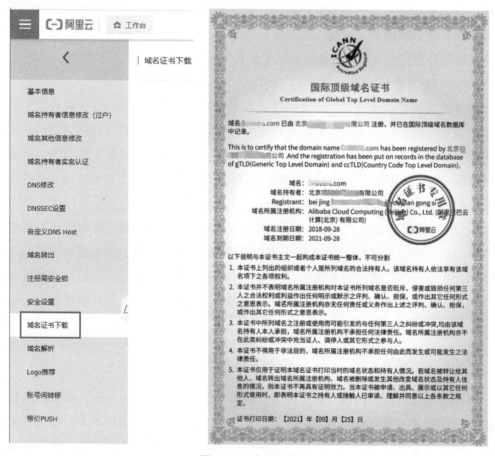

图 4-23 域名证书

4.1.2　网站空间

网站空间，也称为虚拟主机，是指存放网站文件和资料，包括文字、文档、图片、数据库及网站页面等文件的空间。通常中小企业或个人用户的小型网站不需要架设服务器，可选择向网站托管服务商租用虚拟主机的方式存放网站内容。对于稍大型一些的网站，如商城等含有支付的和大量计算内容的网站，可以选择购买服务器或者部署服务器集群等。

1. 网站空间分类

网站空间按空间形式可分为非独立虚拟主机、独立虚拟主机和服务器三种方式。

1）非独立虚拟主机

90%以上的企业网站都采取非独立虚拟主机，主要是由空间提供商提供专业的技术支持和空间维护，企业投入成本低。目前低端一些的虚拟主机都共用一个带宽，一个IP地址。

2）独立虚拟主机

独立主机虽然可能独享一个带宽值，也可能有自己的独立IP，但依然是数据虚拟主机中的一种，只是安全性能以及网站访问速度更好一些，并且因为拥有独立的IP地址，对网站的搜索引擎收录有帮助，越来越受消费者的青睐，价格只是稍高于独立的虚拟主机。

3）服务器

服务器即为一台高端配置的电脑，这台电脑专门为处理某一程序或装载某一网站来使用，服务器都有独立的IP地址，可随意根据网站的要求增加性能，并且一台服务器只运行一个网站不受其他网站的干扰，安全性也得到了一定的保障，所以在含有支付和重要数据交换的网站中服务器是最佳选择。

2. 网站空间选择

怎样选择一个适合自己企业网站的虚拟主机，让网站保持良好的运行状态，不会因空间访问速度、网站风格不合潮流等问题而失去潜在客户呢？如何选择适合自己网站的虚拟主机呢？一般主要参考以下几个因素。

1）网站程序

虚拟主机有多种不同的配置，如操作系统、支持的脚本语言及数据库配置等，要根据自己网站的配置要求进行选择。比如静态语言开发的一般企业介绍性网站，基本上普通的空间都支持其运行。比如有后台管理系统的网站，建议选择程序语言要求的专业虚拟主机，针对性地根据网站开发使用的语言购买相匹配的空间。

2）负载量

负载量的重要性要远远高于空间容量，虽然虚拟主机业务应用的前提，是建立在多个用户共同分享一台独立服务器资源的基础上实现的，但是用户有必要向相关服务商了解，究竟会有多少用户与自己共同分享一台服务器的资源。如果共享用户过多、服务器属于超量负载，势必会导致服务器稳定性差，出现处理器处理能力低下、程序运行困难等状况，用户的网站在被访问时会频繁遇到诸如找不到相关页面、无法连接数据库，甚至不能进行访问等情况。

3）连接数、流量和网站空间容量

连接数是指在瞬间内、能够同时接受申请打开用户网站页面的人数，连接数值的大小直接关系用户网站的登录水平。如果将连接数限制得较少，那么同时访问用户网站的人数就不会太多，用户网站便会出现让访问者等待时间长等情况。

流量是指网站支持每个月多少用户的访问量。其是根据用户网站提供的内容和用户访问量来计算。如果流量数值很小，再大的网站空间也无用处，因为这会使得用户网站的浏览速度非常慢。

根据网站系统程序、之后运营中产品图片的多少、在线人数来预算空间的容量，应留有足够的余量，以免影响网站正常运行。一般来说，虚拟主机空间越大、互联网信息服务（Internet Information Services，IIS）及流量配置越大，价格也相应较高，因此需在一定范围内权衡，有没有必要购买过大的空间。而一般企业介绍性网站及网店空间大小通常在 300～500MB 就满足使用。同时需要注意的是：最好选择限制流量、IIS 的空间，这样有效保障速度。没有流量、IIS 限制的空间，速度是无法保障的。

4）网站速度

决定网站速度的其中一个主要因素是机房环境线路，可根据网站访客对象选择适合的主机空间机房线路。例如，访客的主要群体是国外欧美用户，最好选择美国虚拟主机；访客的主要群体是亚太地区或中国港澳台用户，最好选择香港虚拟主机；访客的主要群体是境内用户，最好选择境内的双线虚拟主机；如果客户群体只是当地的北方或南方客户，可以选择单电信或单网通的空间，但优势不及双线空间的周全。

5）网站数据的安全性

网站也会被病毒和木马感染。例如，浏览器的漏洞、远程账号密码泄密、网站程序存在的脚本缺陷等，都会轻易被黑客入侵网站。此外，数据的备份能力非常重要。网站程序难以避免出现技术人员误操作、网站被入侵，或是空间服务器不可避免地会发生各种各样的故障，如系统硬件、网络故障、机房断电等导致的数据丢失，这时备份关系数据的安全。因此，在数据安全方面，有技术实力的服务商会采用同城和异地双重数据备份保护，以满足数据恢复需求。

6）服务商的信誉和售后服务

由于域名、主机、邮局等互联网数据中心产品有其特殊性，它的价值是在长期使用过程中积淀下来的，后续稳定服务又是它的重中之重。一般来说，规模较大的服务商，其在硬件设备、网络资源、安全保障、人力资源、商业信誉等方面有较多投入，普遍能对用户网站的安全、负载均衡、稳定性、速度等都能作出有效保障，服务也能到位。

此外，选择网站空间时，基本考核条件还有网速、稳定性和安全设施、是否24小时服务、服务口碑、产品参数、空间大小价格比等。可在购买前咨询空间商，是否可以在空间不够时再升级。

如今的虚拟主机市场良莠不齐。几乎所有的网络公司都能够提供虚拟主机服务。但是在质量上，却相差很大。一款优秀的主机应该是稳定、高速、便于管理、安全性极高的，目前性价比高的虚拟主机有：一线品牌，如阿里云高效稳定，百度云有利于百度的收录和抓取；二线品牌，如华为、西部数码、新网互联等。阿里云和百度云虚拟主机产品对比如图4-24和图4-25所示。

图4-24　阿里云虚拟主机产品

图4-25　百度云虚拟主机产品

4.1.3 网站建设

购买了域名和网站空间之后,就可以搭建网站了。

1. 网站建站方式

常见的网站建站方式有利用网页开发语言开发建站和利用第三方程序或平台建站。

1)利用网页开发语言开发建站

利用网页开发语言开发建站,往往需要有一定开发能力的程序员来开发。这种建站方式最灵活,个性化和定制化也非常好,但后期网站维护难度较大。目前最常用的动态网页语言有 PHP、ASP、.NET、Java、Python 等。企业如果对网站的定制化需求很高,又没有专业的网站开发技术人员,也可采用购买第三方服务的方式定制开发网站。如图 4-26 所示是阿里云—云市场—建站产品列表,可对比选择建站定制开发产品,咨询客服了解产品及价格并在线下单采购。

图 4-26 阿里云—云市场—建站产品列表

2）利用第三方程序或平台建站

对于缺乏技术开发能力，或对网站要求不太高的企业来说，可通过第三方程序或平台建站。

利用第三方程序建站，第三方程序往往有免费开源程序和商业程序，如内容管理系统（content management system，CMS）建站，流行的 CMS 包括来自国外的 WordPress、Joomla 和 Drupal，以及国内的织梦 CMS、帝国 CMS 和 SiteServer CMS 等，如图 4-27 所示；利用第三方平台自助建站，可使用模板自助建站系统建站，如图 4-28 所示。

图 4-27　织梦建站中心页面

图 4-28　凡科建站后台管理首页

第三方平台往往提供模板化操作页面，可提供给非技术人员通过简单的操作快速搭建网站。通常，第三方平台都是模块化操作，只需要移动、编辑即可完成。第三方平台甚至还可以一站式实现域名注册、备案、网站建站、网站维护及网站推广全套工作。

本书将以第三方平台自助建站方式为例搭建网站。

2. 第三方平台自助建站

以凡科建站（i.jz.fkw.com）为例搭建网站。凡科建站产品详情及费用可在官网上查看（jz.fkw.com/proFunc.html），如图 4-29 所示。

图 4-29　凡科建站产品

凡科建站注册后即可免费建站。免费版可零门槛快速建站，付费版则具备更多功能。免费版提供30MB网站空间，有文章发布、图册发布、文件下载、在线客服、投票、表单等功能，提供免费模板，可自定义横幅、网站侧栏、网站底部浮层等，建站者可灵活自由规划网站布局。点击产品介绍页面的产品下方"立即体验/立即购买"按钮，或登录凡科建站后台管理首页，点击"新建网站"，如图4-30所示，即可进入网站创建。

图4-30 凡科建站后台管理——新建网站

在"创建网站"对话框中，设置网站名称栏，输入网站名称，点击"立即创建"按钮；在弹出网站创建成功提示页面，点击"进入电脑网站"或"进入手机网站"按钮，可分别编辑电脑端或移动端网站。

在凡科建站，注册后即可同时开通电脑网站、手机网站和微信网站，三网使用同一后台管理。打造企业官网、进入移动互联网、开展微营销三位一体的全方位建站平台。付费购买任意的版本，除了以上三合一管理外，还可一键生成与手机网站内容一模一样的网页版小程序，无须重复搭建和设计小程序网站。

1）电脑端网站

（1）选择网站模板。点击"进入电脑网站"按钮，进入电脑端网站编辑页面，在弹出的选择行业对话框中，输入行业关键词"酒店"，凡科建站平台将会展示"酒店"行业网站模板；在"酒店"行业网站模板展示页面，将鼠标放在网站模板上，可查看网站模板；点击"预览"按钮，可打开新的网页查看网页整体布局大图；点击模板预览页"使用模板"，即可使用该模板建站。网站建站页面为所见即所得页面，将鼠标放在模板页面中的文字、图片上，可显示编辑弹窗，点击编辑即可。

（2）设置网站标题。将鼠标放在网站标题上，弹出"编辑网站标题"弹窗，点击标题文字，即可修改网站标题，如图4-31和图4-32所示。

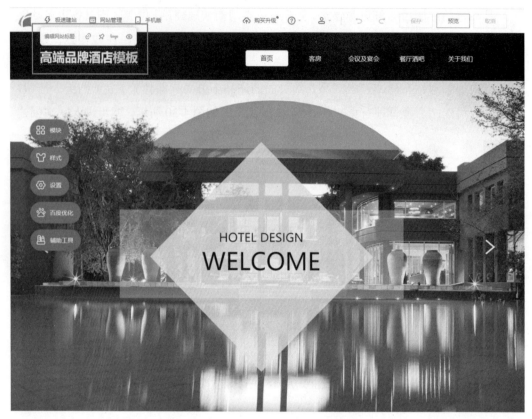

图 4-31　凡科建站设置网站标题（一）

图 4-32　凡科建站设置网站标题（二）

设置好网站标题后，保存即可。网站的图片、文字、按钮等操作与网站标题设置相同，如图 4-33 ～ 4-36 所示。

图 4-33　凡科建站——编辑网站图片

图 4-34　凡科建站——编辑网站文字

图 4-35　凡科建站——编辑网站按钮（一）

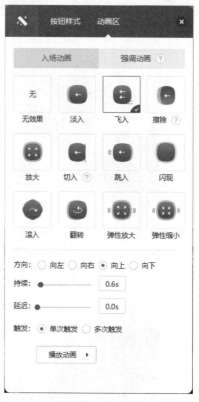

图 4-36　凡科建站——编辑网站按钮（二）

（3）设置网站主题。网站主题是网站外观中的皮肤颜色，在建站的时候，可以根据自身企业网站的特点，选择不同风格颜色的网站主题，如图4-37所示。

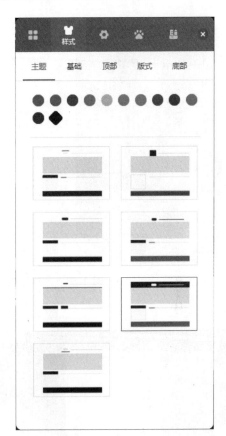

图4-37　凡科建站——设置网站主题

进入电脑网站设计页面，点击页面左侧的"样式"按钮，在"主题"项下，可选择网站主题颜色及样式。在点击该主题后，系统便会即时更换网站的整体皮肤颜色，主题颜色应用的位置包括但不限于模块标题颜色、按钮颜色、选中文字时的文字颜色等。

（4）设置浏览器标题、图标和logo。浏览器标题和图标是展示给客户的标识，logo是树立企业形象的好工具，对企业网站的形象宣传具有积极作用。

①设置浏览器标题。在进入电脑版网站设计页面后，点击左侧导航"设置"，如图4-38左图所示；选择"基础设置""全站设置"，在"浏览器标题"里输入标题内容，如图4-38中图所示，设置后，网站所有页面都生效；如需单独设置某个页面的浏览器标题，可在进入对应页面后，依次点击"设置""基础设置""页面设置"的独立设置，勾选"独立设置浏览器标题"后，自定义该页面的浏览器标题，如图4-38右图所示。

②设置网站图标和logo。在"基础设置"的基础组件中，勾选开启"网站标题"选项，如图4-39左图所示；勾选后在页面出现标题和logo的设计模块，如图4-39右图所示。

图 4-38　凡科建站——设置网站浏览器标题

图 4-39　凡科建站——设置网站图标和 logo

点击"编辑 logo",弹出"添加图片"对话框,在"我的文件"选项卡中,可通过点击"直接上传",上传已经制作好的网站 logo 文件即可。

注意:logo 图片文件只能是 .jpg、.jpeg、.gif、.png 或 .svg 格式,且文件大小不能超过 1MB。

凡科建站平台还提供了在线制作 logo 和定制制作 logo 的服务。打开"凡科快图"网站页面,在搜索栏中输入关键词搜索,选择"logo 设计",打开该关键词下的 logo 模板,即可在线编辑制作,如图 4-40 所示。

项目四　独立网站运营

图 4-40　凡科快图——logo 设计模板搜索

有需要的也可提交"凡科设计"平台，定制设计网站 logo，凡科提供在线查看、咨询及下单。

设计好网站 logo 后，在"我的文件"选项卡点击"直接上传"，选择网站 logo 文件后，点击"确定"上传，如图 4-41 所示；上传后在网站建站后台首页即可编辑，如图 4-42 所示。

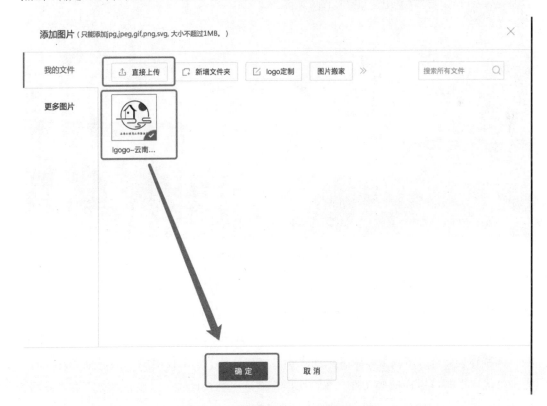

图 4-41　凡科建站——上传网站 logo

129

图 4-42　凡科建站——编辑网站 logo 和网站标题

（5）设置网站横幅。网站横幅，一般也称作 banner 图、网站大图。网站建设可以通过横幅在主页黄金区域显示，也可以通过多图轮播的方式在网站同一个位置显示多条内容。一般越靠近网站页面顶端的横幅信息越容易获得浏览者关注。横幅一般置于网站页面最醒目的位置，利用图片、文字或动态效果把推广信息传递给浏览者，以达到宣传推广的作用。目前主流的网站横幅的设计使用通栏横幅或视频横幅，如图 4-43 所示为通栏横幅。

图 4-43　网站首页及网站横幅

在电脑端网站设计首页，点击页面左侧导航"样式"，如图 4-44 左图所示；在"基础"页面开启"横幅区"，当横幅区显示为绿色时，表示已开启，如图 4-44 右图所示。

开启横幅后，将鼠标移动到横幅上，点击"编辑横幅"按钮即可编辑；在弹出的编辑横幅窗口，在"常规"选项卡页面点击"添加横幅"，上传电脑上的横幅图片文件，点击"确定"即可添加横幅文件；在"切换样式""切换动画""横幅特效"和"高级"选项卡页面，可以对横幅的样式、动画、特效等进行设置，如图 4-45 所示。

项目四 独立网站运营

图 4-44 凡科建站——开启横幅区

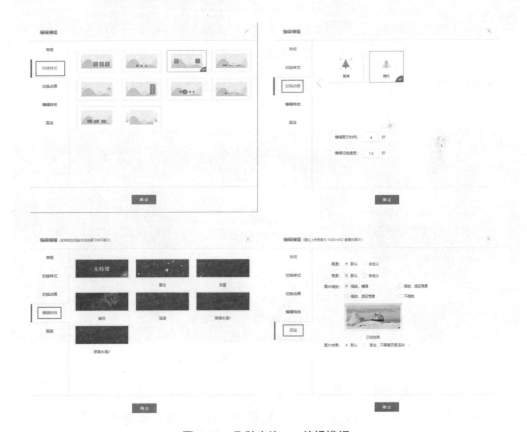

图 4-45 凡科建站——编辑横幅

131

如果只想在部分页面显示该横幅，可以通过开启独立横幅来达到该效果。依次进入"设置""基础设置""基础组件"页面，取消勾选"网站横幅"；进入需要设置横幅的页面，依次进入"设置""基础设置""页面设置"页面，依次勾选"独立设置横幅""显示"。设置后即开启了独立设置横幅的页面才会显示横幅。在需要设置不同横幅的页面，将鼠标移动到横幅上，点击"开启独立横幅"后，点击"编辑横幅"上传横幅图片，如图4-46所示。

图4-46　凡科建站——开启独立横幅

在横幅编辑区域点击"视频横幅"编辑按钮，点击"编辑横幅"，如图4-47所示。

图4-47　凡科建站——编辑视频横幅

依次点击"编辑横幅""常规"选项卡页面，选择横幅类型"视频横幅"，添加视频或更换视频文件，音频播放是否开启根据网站设计需要；如需要设置横幅高度，点击进入"高级"选项卡页面，选择"自定义"设置高度即可。

（6）添加酒店简介。在网站中添加酒店简介，可以在"图文展示"中进行设置，可以添加文本、图片、多媒体和超链接等，如图4-48所示。

图4-48　凡科建站——新增图文展示模块

在"图文展示"页面的添加模块页面"常规"选项卡，编辑模块标题、选择模块样式、添加图片和文字，如图4-49左图所示；"高级"选项卡可以设置是否添加超链接和页面滚动，如图4-49右图所示。

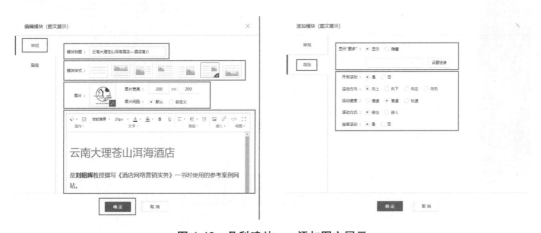

图4-49　凡科建站——添加图文展示

设置好并排版后，点击确定，即可在首页预览酒店简介页面，如图 4-50 所示。

云南大理苍山洱海酒店—酒店简介

云南大理苍山洱海酒店

是**刘昭晖**教授撰写《酒店网络营销实务》一书时使用的参考案例网站。

用以指导本书读者网站建站开发用，非商用~~

图 4-50　凡科建站——酒店简介预览

（7）添加酒店产品。酒店后台管理员可以在网站上展示酒店产品，如客房、会议室、餐厅等产品。

在管理后台上传产品，进入网站管理后台，点击"产品"模块，依次选择"添加产品""基本信息"，编辑产品信息，包括产品名称、产品类型、产品图片、产品分类、产品参数、咨询按钮、主图视频，如图 4-51 所示。

图 4-51　凡科建站——添加酒店简介

需要注意以下几点。

产品类型：普通产品展示选择"通用型产品"。

产品名称：输入与产品相关名称、关键词等。

产品图片："点击添加图片"进行选择图片上传，可用鼠标框选多幅图片批量上传。

产品价格：在产品参数中输入价格，"价格"为实际显示价，"市场价"为市场参考价，可以同时开启价格与市场价。

输入产品信息后，点击"保存"按钮，保存完成后，产品添加完毕。

在电脑网站设计页面点击左侧导航"模块"，如图 4-52 左图所示；在"新增模块"页面，依次点击"产品""产品展示"，如图 4-52 右图所示。

图 4-52　凡科建站——添加产品展示模块

在"常规"页面中，设置模块标题、选择模块样式、设置产品列表，产品列表设置有选择指定产品和使用筛选条件两种方式。产品选择完毕后，点击"保存"，在网站首页产品展示区域即可看到添加的产品，如图 4-53 所示。

产品展示页面添加完毕后，如后期需添加、删除产品，可在模块编辑区点击"编辑模块"及其他按钮，随时可以修改产品信息及进行设置样式、设置动画、添加产品、隐藏外框和隐藏模块的操作，如图 4-54 所示。

图 4-53　凡科建站——产品展示预览

图 4-54　凡科建站——编辑产品

（8）设置产品分类。酒店网站的产品添加完毕后，往往需要将酒店产品进行分类展示，以便客户清晰地浏览和选择产品。

①添加产品分类。进入建站管理后台依次点击"产品""产品分类""添加产品分类"，如图 4-55 所示。

在"添加产品分类"窗口，输入分类名称，选择上级分类，如上级分类选择"无"，则默认添加为一级分类，如果选择了某一上级分类，则默认为添加该上级分类的子分类，这里最多支持三级分类，如图 4-56 左图所示；添加完毕后，点击"确定"，新添加的产品分类展示在该分类下的最下面，如图 4-56 右图所示。

如需编辑现有的分类信息，点击"编辑"操作按钮，可以修改分类名称、重新选择上级分类，如图 4-57 左图所示；如需调整分类的位置，将鼠标放在该分类上，会出现向上、向下、向左或向右箭头，鼠标单击箭头，可以上移、下移、左移或右移该产品分类，左移或右移分别是指将该产品分类进行升级或降级设置，如图 4-57 右图所示。

图 4-55　凡科建站——添加产品分类

图 4-56　凡科建站——添加产品分类、编辑产品分类（一）

图 4-57　凡科建站——添加产品分类、编辑产品分类（二）

②产品设置分类。进入建站管理后台依次点击"产品""管理产品",找到要设置分类的产品,点击产品编辑按钮,进入"基本信息"页面,点击"产品分类"后面的"+"号,可以选择产品分类;也可以点击"管理分类",随时可以修改产品分类,如图4-58所示。

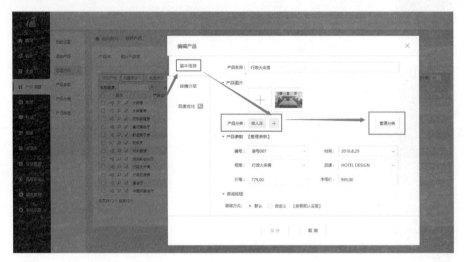

图 4-58　凡科建站——管理产品分类

如同时修改多个产品的分类,可在建站管理后台"管理产品"页面,批量勾选多个产品,点击"批量修改"按钮,选择"产品分类";在"批量修改产品分类"页面,选择产品分类,点击"确定"按钮,即可同时修改多个产品的分类。

产品分类设置完毕后,可在建站管理后台"设置产品列表"中,选择"使用筛选条件",点击"产品分类"右侧下拉箭头,即可看到设置好的产品分类,如图4-59所示。

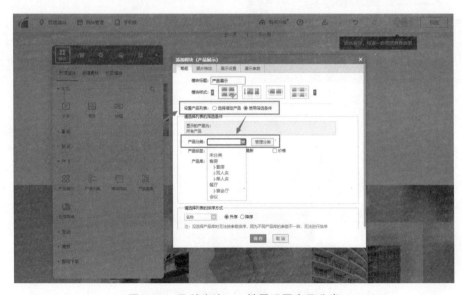

图 4-59　凡科建站——批量设置产品分类

③添加商城模块。在建站管理后台"添加模块(商城导航)"的"常规"页面，设置模块标题、模块样式、选择模块风格，如图4-60所示。

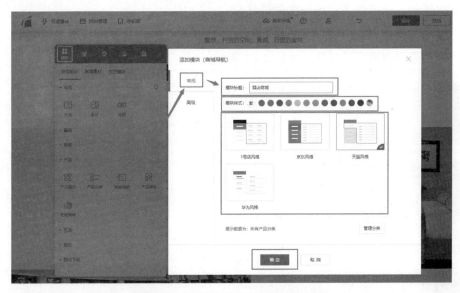

图4-60　凡科建站——添加商城模块

点击"确定"按钮，在网站首页可预览商城模块效果，可在商城模块上随时通过点击"编辑模块"修改模块设置。

在酒店网站预览页面，依次点击"客房""套房"，即可看到酒店网站的套房客房产品展示页面，如图4-61所示。

图4-61　凡科建站——酒店商城客房展示

（9）添加文章及设置分类。如果酒店网站发布不同类型的文章，如酒店介绍、客房、餐饮、会议、优惠、周边等，就需要添加文章、为文章进行分类，使得文章在网站页面按分类显示，让浏览者有更好的阅读体验。

①添加文章分类。在凡科建站管理后台，点击进入"文章分类"页面，点击"添加分类"按钮，输入或者编辑分类名称，如图4-62所示。

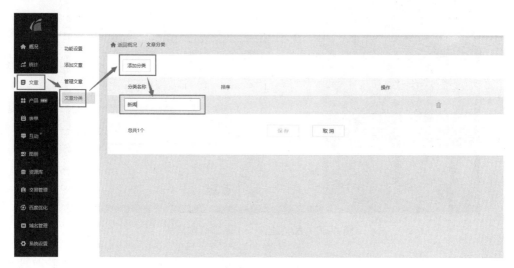

图4-62　凡科建站——添加文章分类

如需修改文章分类名称，将鼠标放在文章分类的名称上，单击鼠标即可进行编辑操作；如需修改文章分类名称的排序，将鼠标放在该分类上，可以上下拖拽鼠标移动该分类，或点击分类名称右侧的上下箭头更换排序；如需删除文章分类，点击右侧的删除操作按钮即可。

②添加文章。在凡科建站管理后台，点击进入"常规"页面，如图4-63所示；输入文章标题和文章详情并排版，如图4-64所示。

③编辑文章分类。如添加文章时没有同时添加文章分类，也可进入在凡科建站管理后台"管理文章"页面，添加文章分类，如图4-65所示。

方法一：点击文章名称前的操作按钮中的编辑按钮，在"编辑文章"页面，点击进入"高级"页面，点击文章分类右侧"点击添加分类"，选择文章分类，点击"确定"完成文章分类设置，如图4-66所示。

方法二，在凡科建站管理后台"管理文章"页面，勾选要设置文章分类的文章，点击"批量修改"按钮，选择"文章分类"，如图4-67所示。

④添加文章分类模块。在凡科建站电脑网站设计页面点击网站页面"文章分类"，在添加模块（文章分类）页面，修改模块标题、模块方向、分类选择、打开方式等，点击"确定"，完成文章分类模块添加，如图4-68所示。

图 4-63　凡科建站——添加文章（一）

图 4-64　凡科建站——添加文章（二）

图 4-65　凡科建站——编辑文章分类（一）

图 4-66　凡科建站——编辑文章分类（二）

图 4-67　凡科建站——编辑文章分类（三）

图 4-68　凡科建站——添加文章分类模块

（10）添加在线客服。在酒店网站上添加在线客服，如 QQ、阿里旺旺等聊天工具，可实时与客户交流互动。在凡科建站电脑网站设计页面，依次点击网站页面"模块""新增模块""互动""在线客服"，在添加模块（在线客服）页面，编辑在线客服信息、设置联系方式、工作时间等，点击"确定"，完成在线客服模块的添加，如图 4-69 所示。

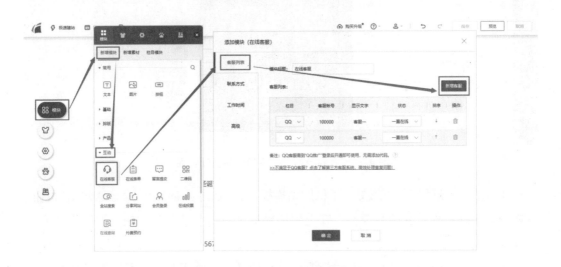

图 4-69　凡科建站——添加在线客服模块

2）移动端网站

移动互联网时代，企业开发移动端网站是大势所趋，酒店企业通过搭建移动网站，打开酒店企业的移动互联网营销市场，让手机用户随时随地访问网站，实时实地开展移动营销。在凡科建站设计页面，可以选择"手机网站"模块进行移动端网站设置。

（1）选择网站模板。在选择网站行业模板页面，在搜索栏中输入行业关键词，如"酒店"，搜索该行业关键词的模板。鼠标悬停在手机网站模板上，可以预览该网站模板。点击"查看"按钮，可在电脑上预览模板；用手机扫描二维码，可在手机上预览模板；点击"使用"按钮，直接将该模板应用于自己的手机网站。应用该手机网站模板后，自动跳转手机网站设计页面，如图4-70所示。设计页面左侧，有模块和页面两个设计页面，通过新增模块或页面，按照自己的需求进行编辑；预览页面右下角，有4个按钮，可以设置网站风格、页面导航、系统设置及推广。

图 4-70　凡科建站——手机网站设计页面

在网站设计过程中，如想更换手机网站模板，可以点击页面左上方"极速建站"按钮，进入模板选择页面重新选择模板，在选中的模板上点击"使用"按钮，即可更换为新的模板。

注意：使用新的模板后，电脑和手机网站的数据、样式将会替换成新的模板，可以勾选"保留网站数据"或"保留电脑样式"，以保留原有数据和样式。

如果我们选择保留网站数据，那么我们在电脑网站上传的文章、分类、商品等信息也将同步手机网站，我们在手机网站上只需要做一些基本设置和模块设置就可以。

（2）编辑网站。在手机网站设计页面编辑，可以将鼠标放在要编辑的信息上，点击"编辑文本""编辑按钮"等进行编辑，如图4-71所示。

图 4-71　凡科建站——手机网站页面编辑

（3）设置网站标题。在手机网站设计页面编辑，将鼠标放在网站首页页面顶部，点击顶部标题编辑按钮，双击文字即可修改网站标题，如图 4-72 所示。

图 4-72　凡科建站——手机网站设置网站标题

（4）设置网站导航、在线客服

①设置网站主导航。在手机网站设计首页页面左上方，点击"≡"按钮，打开网站主导航栏，如图 4-73 所示。点击需要修改的导航栏，即可完成编辑操作。

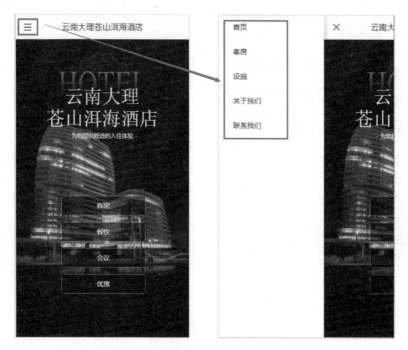

图 4-73 凡科建站——手机网站设置主导航

点击网站编辑区右下角的"导航"按钮,进入"主导航"页面,完成主导航页的编辑。

②设置网站在线客服。在"内容"页面,可修改导航图标、导航名称、导航链接,或进行隐藏、增加、删除等操作。如需添加在线客服,点击"联系我们"的导航链接,如图 4-74 所示。

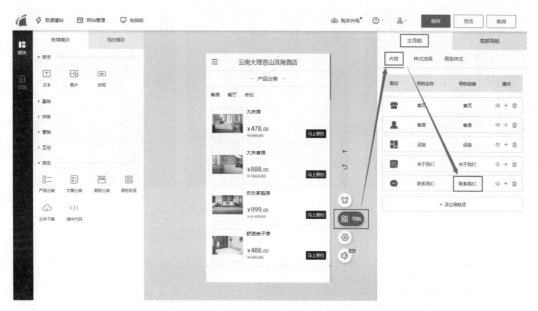

图 4-74 凡科建站——手机网站设置主导航在线客服

在弹出的设置链接地址对话框,选择跳转链接类型为"功能",选择功能为"客服",选择客服为"QQ客服",即可设置手机网站的在线QQ客服。如果没有设置过QQ客服信息,点击"新建客服",输入客服类型、客服账号、显示文字等信息即可添加客服;如需添加微信客服,在"新建客服"页面选择"微信客服",提交个人微信号或公众号的二维码;用户点击后会弹出二维码,引导用户扫码添加好友或关注公众号。

③设置网站底部导航。依次点击"导航""底部导航"页面,可完成手机网站底部导航的设置,如图4-75所示。

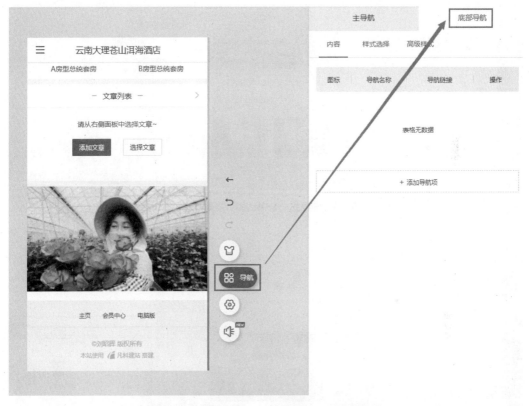

图4-75 凡科建站——手机网站设置底部导航

(5)添加公司介绍。在手机网站设计页面依次点击"模块""新增模块""文本",在编辑区的文本编辑框内,双击即可输入文本,如图4-76所示。

(6)添加产品展示。在手机网站设计页面依次点击"模块""新增模块""产品展示",在编辑区的文章编辑框内,点击"添加产品",在"产品展示"页面编辑模块标题、选择产品、选择模块样式等,完成产品展示模块添加和产品添加,如图4-77所示。

(7)添加网站文章。在手机网站设计页面依次点击"模块""新增模块""文章列表",在编辑区的文章编辑框内,点击"添加文章",如图4-78所示。

图 4-76　凡科建站——手机网站添加公司介绍

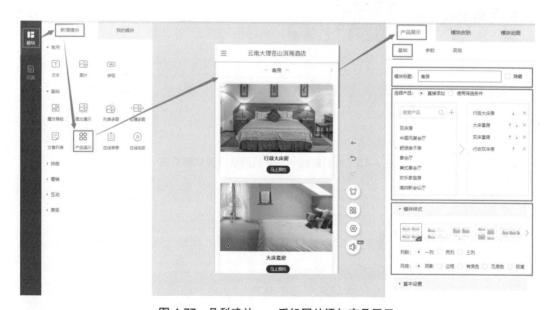

图 4-77　凡科建站——手机网站添加产品展示

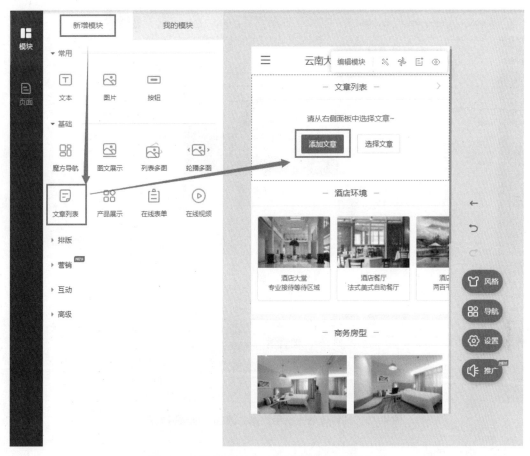

图 4-78　凡科建站——手机网站添加公司介绍

在弹出的"添加文章"窗口页面，输入文章标题、文章详情信息，还可以在"高级"选项卡中设置文章分类等。

（8）添加网站图片。在手机网站设计页面点击"模块""新增模块""图片"，在编辑区的图片编辑框内，可以添加图片、编辑图片信息，如图 4-79 所示。

添加的文字、图片、文章等模块，可以用鼠标拖动网站页面不同模块的位置。

（9）设置网站底部版权信息。在手机网站设计页面，滑动鼠标滚动至编辑区页面底部，点击"编辑底部"编辑版权信息、选择样式等。

（10）设置网站页面。在手机网站设计页面点击"页面"选项卡，可以编辑首页以外的其他页面。

图 4-79　凡科建站——手机网站添加、编辑网站图片

3）微信网站

微信网站是指手机网站绑定微信公众号，把企业网站植入微信平台，和会员进行实时互动，集宣传、互动、营销于一体，在用户关注公众号之后，通过微信公众号菜单、信息回复等访问的网站。手机网站是通过手机浏览器输入域名访问，或通过扫码手机网站二维码打开浏览的网站。

利用凡科网站建站平台，可以利用模板自主搭建，然后绑定在微信公众号上即可。这部分的知识及操作，详见本书任务5.1微信营销。

4）小程序网站

小程序网站是指客户用手机微信打开的网站，方便发布至微信和百度等APP的移动端网站。

具有商城功能的小程序网站，要选择以企业为主体的小程序，以提高微信认证的通过率，微信认证通过后，可开通微信支付功能；个人小程序不支持微信认证，无法开通微信支付功能。这部分的知识及操作，详见本书任务5.1微信营销。

任务 4.2 搜索引擎优化

据调查显示，超过 95% 的搜索引擎使用者会优先考虑搜索引擎给出的常规结果，这其中绝大部分人只有在左侧无法得到满意结果时才会去浏览右侧的广告。有 87% 的网民会利用搜索引擎服务查找需要的信息，其中有近 70% 的搜索者会直接在搜索结果的自然排名的第一页查找自己所需要的信息。

当我们在百度等搜索引擎搜索关键词时，如"丽江酒店"，在搜索结果中，列出很多网站及网站的摘要、图片等信息，如图 4-80 所示。

图 4-80　搜索引擎搜索"丽江酒店"

排在前面的网站有"广告"标示，而排在第五位开始的网站标示"百度快照"。搜索引擎一般用两种方式展示搜索结果，标示"广告"字样的网站是通过竞价推广的商业广告形式，将网站的搜索位置排在电脑端前五名或手机端前三名，按点击扣费；

标示"百度快照"的网站，是通过网站构架、优化等技术将网站进行优化而得到的自然排名，点击不扣费，通常网站排名稳定且质量高。

4.2.1 相关概念

1. 搜索引擎优化

搜索引擎优化（search engine optimization，SEO）是指通过站内优化和站外优化，使网站满足搜索引擎收录排名需求，在搜索引擎中提高关键词排名。

SEO 是在了解搜索引擎自然排名机制的基础之上，对网站进行内部及外部的调整优化，改进网站在搜索引擎中关键词的自然排名，获得更多的展现量，吸引更多目标客户点击访问网站，从而达到互联网营销及品牌建设的目标。通过 SEO，可以达到以下效果。

（1）SEO 可以让更多的用户，更快地找到想找的东西。

（2）SEO 可以让网站相关关键词排名靠前，满足用户需求。

（3）SEO 让有需求的人能更快、更先找到商户。

（4）SEO 提供搜索结果的自然排名，增加可信度。

（5）SEO 让网站排名自然靠前，增加网站浏览量，促进网站宣传和业务发展。

（6）SEO 可以增加优秀网站的曝光率，提高网页开发的技术。

（7）SEO 可以让不懂网络或者知之甚少的人寻找到需要的网络知识。

（8）SEO 可以为企业节约网络营销费用（百度推广费用远远超出 SEO 优化费用）。

简单地说，搜索引擎优化设计主要目标有两个层次：被搜索引擎收录、在搜索结果中排名靠前。

2.SEO 优化方法

1）SEO 站内优化

一个新的网站很难在短期内获得好的排名。要在短时间内获得不错的排名需要注意以下几点。

（1）标题、描述设置。如果是中小型站点，首页和栏目页标题和描述最好手动设置，内页标题采用文章名称和品牌词的形式，并且标题包含关键词不能太多，2～3 个为最佳。页面比较多的网站用统一的模板设置标题和描述，描述中最好包含关键词。标题的关键词之间是互相促进的关系。

（2）具有价值的内容。页面最重要的就是内容，可以不是原创的内容，但是一定要有别人没有的内容并且能解决用户的问题。具有价值的内容创造方法是结合其他的内容稍加改动，配上图片或者动画、图标。

（3）网站内链布局。没有内链的页面通常会被搜索引擎认为是死角，具有内链的页面更加有助于收录和排名，能链接整个网站的脉络。例如，用户在看完一篇"民宿"文章后可能还会去看其他关于"民宿"的文章，但是也有可能去看关于"客栈"的文章。

（4）稳定的空间。空间稳定是网站排名的基础，如果空间偶尔打不开会影响用户浏览网页，所以站长每隔一段时间都要查看网络日志检查是否有大量错误代码。

2）SEO 站外优化

外链和推广是帮助网站获得排名最快速的方法，外链能给网站传递权重，具有一定权重的网站才能获得收录和排名。推广的作用是为网站带来用户，每一个网站的作用都是带来用户，所以网页有用户的话，搜索引擎一定会给予不错的排名。推广是直接带来用户，不用经历先有排名后来用户的阶段。站外 SEO 优化首要做的是网站的外部链接，包含友情链接交换、论坛、博客、贴吧等。

站外优化的主要工作一般围绕以下几个方面进行。

（1）外部链接：博客、论坛、新闻、分类信息、贴吧、问答、百科、社区、空间、微信、微博等相关信息网等，尽量保持链接的多样性。

（2）外链组建：每天添加一定数量的外部链接，使关键词排名稳定提升。

（3）友链互换：与一些和网站相关性比较高且整体质量比较好的网站交换友情链接，巩固稳定关键词排名。

4.2.2　META 标签优化

网站的 META 标签，主要有 title、description 和 keywords，常简称为 TDK，其中 title 在网站页面优化中极其重要。

TDK 包括首页，还有栏目页和文章页的 TDK，如图 4-81 和图 4-82 分别为网站 slhhotels.cn 通过站长工具（https://seo.chinaz.com/slhhotels.cn）和爱站网（https://www.aizhan.com/cha/slhhotels.cn/）查询的 TDK 设置信息。

title 标题标签提供网页的主题内容。网站的每一个网页可以分别创建唯一的 title 页面标题。title 标签应尽可能简短且包含丰富的信息，如标题过长，搜索引擎在搜索结果里只显示其部分内容，如图 4-83 所示。在设置标题时，尽量不要堆积太多关键词，一般包含 1～2 个关键词即可，且关键词不用靠得太近。

页面TDK信息		
标题（Title）	28 个字符（一般不超过80个字符）	全球奢华精品酒店|全球个国家家独立酒店独一无二的入住体验
关键词（KeyWords）	68 个字符（一般不超过100个字符）	SLH,全球奢华精品酒店,small luxury hotels,全球个小型豪华酒店,世界个小型豪华酒店,世界个小型奢华酒店,全球个小型奢华酒店
描述（Description）	116 个字符（一般不超过200个字符）	欢迎您下榻全球奢华精品酒店！我们位于全球各地的最佳奢华精品酒店可为您提供独一无二的入住体验。目前，我们在全球的个国家共有家独立奢华精品酒店，在这些精品酒店里，客人们可以享受到至臻完美的服务!注册会员，可享更多优惠福利。免费服务电话：

图 4-81　通过站长工具查询网站 slhhotels.cn 的 TDK 设置

页面信息			
网站标题	35 个字符	全球奢华精品酒店 | 全球90个国家520家独立酒店独一无二的入住体验	一般不超过80字符
网站关键词	66 个字符	SLH,全球奢华精品酒店,--allluxuryhotels,全球个小型豪华酒店,世界个小型豪华酒店,全球个小型奢华酒店	一般不超过100字符
网站描述	133 个字符	欢迎您下榻全球奢华精品酒店！我们位于全球各地的最佳奢华精品酒店可为您提供独一无二的入住体验。目前，我们在全球的90个国家共有520家独立奢华精品酒店，在这些精品酒店里，客人们可以享受到至臻完美的服务!注册会员，可享更多优惠福利。免费服务电话：400 120 3276	一般不超过200字符

图 4-82　通过爱站网查询网站 slhhotels.cn 的 TDK 设置

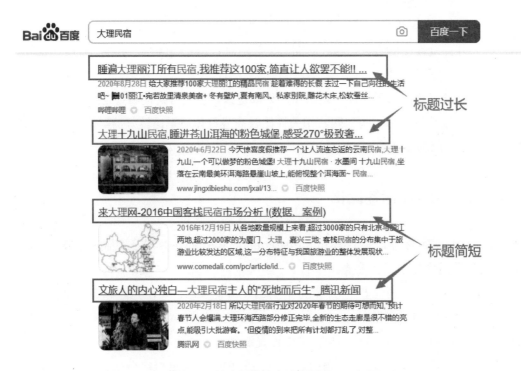

图 4-83　搜索引擎搜索结果页面——标题

　　description 描述标签提供网站的总括性描述。网页的标题可能是由一些词或短语组成，而网页的描述标签则通常是由几个语句或段落组成的。如果网页描述里的某个词恰好是浏览者查询的关键词，则网页的搜索结果页面将高亮显示这些关键词，如图 4-84 所示。如果网站的描述标签设置恰当，则可提升页面的点击率。一般情况下，

description 标签应准确概括该网页的内容,每一个网页应创建各不相同的描述标签,避免所有网页使用一样的 description 标签。

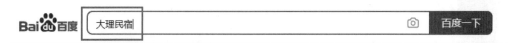

图 4-84 搜索引擎搜索结果页面——描述

keywords 关键词标签的数量并不是越多越好,一般选 3～5 个核心关键词,关键词之间用英文的逗号","进行分隔,合理布局行业热门关键词,关键词密度在2%～8%之间,可获得较高排名。网站的关键词总长度一般不超过 100 个字符(即 50 个汉字),以免引起搜索引擎的反感。关键词的选取方法,可以利用搜索引擎的搜索下拉框、相关搜索、站长工具、竞争对手设置及参考百度指数(index.baidu.com)的查询结果判断来选取。

网站的 TDK 可以在网站后台里进行设置,也可以对其他页面单独设置栏目 TDK,如图 4-85 和图 4-86 所示。网站搭建好之后,在运营时,往往是在发布文章和产品时,同步设置好 TDK。

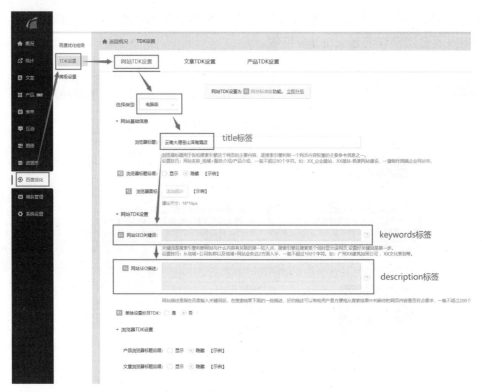

图 4-85 凡科建站后台网站 TDK 设置页面

图 4-86 网站管理后台网站 TDK 设置页面

注意：如果使用凡科建站，免费版不能使用 SEO 优化功能，需要升级为更高版本。

网站的 TDK 设置是非常重要的内容，大幅和频繁地修改对于蜘蛛抓取不利，尽量减少网站 TDK，尤其是标题标签的修改。

4.2.3 提交搜索引擎收录

被搜索引擎成功收录，是网站有排名的前提。在网站建立好之后，可以主动将网站地址提交搜索引擎收录，这样可以加快网站被搜索引擎收录的速度。那么，怎样查询网站是否被搜索引擎收录了呢？可以通过 site 命令查询。打开搜索引擎，如百度网站，在搜索栏中输入"site: 网站域名"（域名前不加 www），如分别输入"site:nj22283349-1.icoc.vc"和"site:banyantree.com"搜索，结果如图 4-87 和图 4-88 所示。通过查询结果可以看到，网站 nj22283349-1.icoc.vc 未被百度收录，而网站 banyantree.com 已有 5 万多个网页被百度收录。

图 4-87　nj22283349-1.icoc.vc 百度收录查询结果页面

图 4-88　banyantree.com 百度收录查询结果页面

网站只有被收录了才有可能被搜索引擎展示。网站收录就是蜘蛛抓取后将页面放进索引库的过程。如何主动提交搜索引擎收录网站呢？网站如使用第三方平台建站，可以直接在第三方平台完成域名购买或绑定外部购买的域名，然后在第三方平台网站管理后台完成搜索引擎收录的提交，如图4-89所示。

图 4-89　banyantree.com 提交百度收录

为了网站更快被各大搜索引擎收录，我们可以在网站建设完成之后迅速主动提交网站给搜索引擎，以便加快收录速度。用第三方平台的网站管理后台提交搜索引擎收录，会受限于平台提供的搜索引擎提交的入口。我们也可以直接通过搜索引擎收录的网址手动提交，各大搜索引擎提交的入口地址见表4-2。

表 4-2　常用搜索引擎的提交入口地址

搜索引擎名称	提交入口地址
百度	http://www.baidu.com/search/url_submit.html
谷歌	http://www.google.com/addurl/?hl=zh-CN&continue=/addurl
搜狗	http://www.sogou.com/feedback/urlfeedback.php
360	http://info.so.com/site_submit.html
SOSO（搜搜）	http://www.soso.com/help/usb/urlsubmit.shtml
bing（必应）	http://www.bing.com/toolbox/submit-site-url

注意：

（1）提交网址收录后并不代表能够立即从搜索引擎搜到该网站，需要等待一段时间让搜索引擎进行处理；

（2）由于手机端网址和电脑端网址不一样（手机网址是m开头），提交网址收录时需分开提交；

（3）提交网址收录不需要收费；

（4）网站需要被国外搜索引擎搜到的话，需要在对应的国外搜索引擎平台提交网址收录。

4.2.4 网站地图

网站地图，即 Sitemap，是百度引入优质资源的入口，对于优质资源能够快速引入并呈现给用户，可以通过启用网站 Sitemap 告知百度，网站上有哪些可供抓取的优质网页。有助于百度蜘蛛更了解网站，包括那些传统蜘蛛可能发现不了的网页。

1. 什么是 Sitemap

Sitemap（即网站地图）就是网站上各网页的列表。创建并提交 Sitemap 有助于百度发现并了解网站上的所有网页。还可以使用 Sitemap 提供有关网站的其他信息，如上次更新日期、Sitemap 文件的更新频率等，供百度蜘蛛参考。

百度对已提交的数据，不保证一定会抓取及索引所有网址。但是，使用 Sitemap 中的数据来了解网站的结构等信息，可以帮助我们改进抓取策略，并在日后能更好地对网站进行抓取。

2. 提交 Sitemap

第一步，将需提交的网页列表制作成一个 Sitemap 文件，百度 Sitemap 协议支持 .txt 文本格式和 .xml 格式，可以根据情况来选择任意一种格式。

第二步，将 Sitemap 文件放置在网站目录下。比如网站为 ynjd.com，制作一个 sitemap_ynjd.xml 的 Sitemap 文件，将 sitemap_ynjd.xml 上传至网站根目录，即 ynjd.com/sitemap_ynjd.xml。

第三步，登录百度搜索资源平台（https://ziyuan.baidu.com/linksubmit/url），如图 4-90 所示，确保提交 Sitemap 数据的网站已验证归属，填写站点地址，如 ynjd.com。

第四步，依次选择左侧菜单"普通收录""资源提交"，进入"Sitemap"工具，填写数据文件地址，如 ynjd.com/sitemap_ynjd.xml。

最后，提交完之后，可在 Sitemap 列表里看到提交的 Sitemap 文件，如果 Sitemap 文件里面有新的网站链接，可以在选择文件后，点击更新所选，对更新的网站链接进行提交。

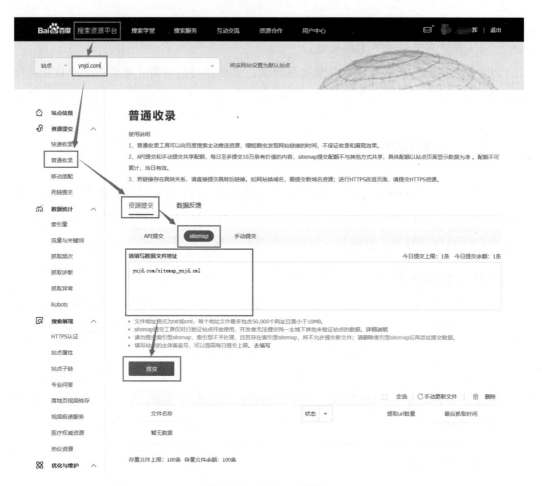

图 4-90　Sitemap 提交

任务 4.3　搜索引擎推广

4.3.1　网站免费推广

1. 外部链接

外部链接，简称外链，是提升网站排名的一个重要手段，如图 4-91 和图 4-92 所示。一个高质量的外链是非常重要的，外链可以设置在博客、论坛、新闻、贴吧、知道、百科等推广平台，尽量保证链接的多样性。还可写软文发布在相关网站，效果很明显，但同时花的时间比较久，对文章质量要求较高。做优质外链时要注意以下几点。

（1）做好与百度相关版块是增加网站权重和外链质量的一个重要原因，如百度百科、百度知道、百度贴吧等。

（2）在百度百科下方有两个位置是可以添加外链的，一个是扩展阅读，另一个是参考资料，扩展阅读相对来说更容易通过审核。

（3）在百度知道或百度贴吧发布信息时，注意避免同个账户发布过多信息。

（4）网站前期不要增加过多的外链，应把精力放在网站内容上。不要在短时间内增加大量外链，否则很容易被判定为作弊。

（5）贵精不贵多，不要做垃圾链接和群发，尽量选择高质量的平台。

（6）在外部发的文章（百科、问答、贴吧、社区、文库等），尽量是原创文章，要避免重复标题和文章完全相同。

图 4-91　百度知道问答外部链接推广（一）

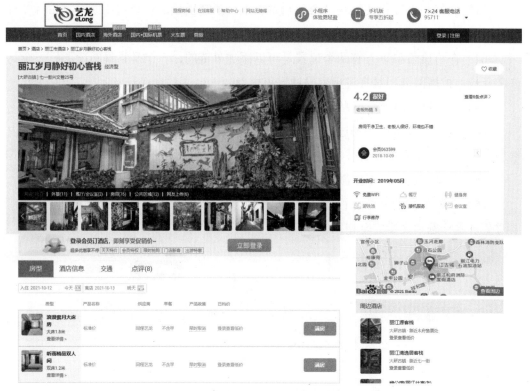

图 4-92　百度知道问答外部链接推广（二）

2. 添加友情链接

友情链接，是指在彼此网站上添加对方网站的链接，是网站之间的一种简单的合作方式，目的是为了相互推广，常作为网站推广的基本手段。友情链接是网站流量的根本来源，自动交换网站链接的友情网站，对于网站来说是一种网站互惠模式。网站的友情链接表达了各网站间的链接关系，反映了网站间的信任关系。网站之间主动互相添加外部链接的方式，对于页面权重的提高有着至关重要的作用。在做搜索引擎优化的过程中，添加友情链接的意义在于外部链接代表其他网站（页面）对自身网站的推荐值，而且还有传递百度权重的效果。

1）交换友情链接的途径

交换友情链接的途径有很多，如加入站长 QQ 群或行业 QQ 群、通过站长论坛、交换友情链接平台等方式交换链接。

2）友情链接查询

友情链接添加完毕后，往往需要经常去查询友情链接添加的情况。可以用站长工具查询友情链接（link.chinaz.com），如查询网站 banyantree.com 的友情链接，如图 4-93 所示，在搜索栏中输入网址地址

扩展阅读 4.1
交换友情链接的途径

案例分析

banyantree.com（一般去掉 www），就能查看友情链接的查询结果。

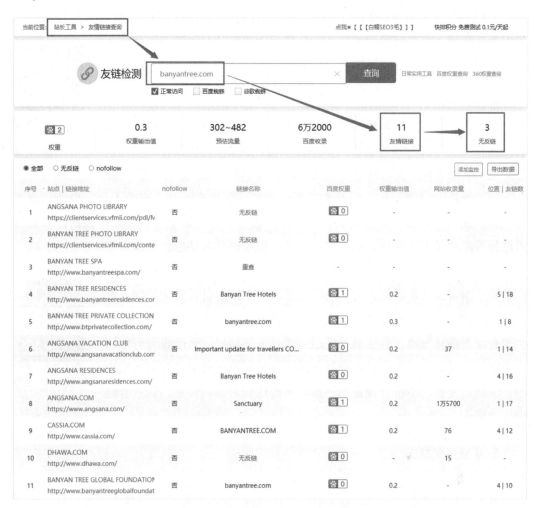

图 4-93　站长工具——友情链接查询

在此搜索结果页面中，可以看到网站 banyantree.com 的友情链接有 11 个，其中 3 个网站无反链，四个网站的权重为 1。

3. 百科推广

百科推广是利用百科网站以建立词条的形式进行宣传，从而达到提升品牌知名度和企业形象目的的活动。百科主要有百度百科、互动百科、腾讯百科及搜搜百科等。其中，百度百科的市场占有率最高，现在各大平台的百科审核内容非常严格。

扩展阅读 4.2
友情链接说明

（1）辅助搜索引擎推广。在搜索引擎的搜索结果中，会发现往往排在搜索引擎结果第一页的，都有百科词条。

（2）提升权威性。能被百科收录的内容通常都是权威的。

（3）提升企业形象。随着互联网的普及，许多人在接触陌生事物时，会先在互联网上进行检索，虽然一条百科词条简单又不起眼，但却能在关键时刻有着举足轻重的作用。

4. 问答推广

问答推广是利用问答网站回答用户问题，或者模拟用户问答的形式进行宣传，从而达到提升品牌知名度、促进产品销售目的的活动。问答平台主要有百度知道、新浪爱问、天涯问答、搜狗问答、SOSO问问、淘宝问答、知乎、快问等。

问答推广具有互动性，问答类的互动效果可以补充网站内容的不足，也能让读者拓宽知识面。问答推广往往具有针对性，问答可以针对某个目标群体，根据群体的特点选择关注的焦点，充分调动人群的力量；也可以针对话题作讨论，让更多的人来参与，达到人群融合的效果。问答推广具有广泛性，问答推广的特点本身就决定了问答营销的广泛性，一个问题可以引来不同人群的讨论。问答推广具有媒介性，我们可以通过文章或者问题的形式在各大平台或者媒体投稿，只要稿件通过或者是问题通过，借助媒介可以达到更好的效果。问答推广具有可控制性，评论可以通过审核的方式来控制，去除重复的、不符合规定的评论，从而达到对读者有益、让内容健康的效果。

5. 其他免费推广

1）SNS推广

社会性网络服务（social networking services，SNS）是旨在帮助人们建立社会性网络的互联网应用服务。SNS推广是指利用SNS网站的各种功能进行宣传推广，从而达到提升品牌知名度，促进产品销售的活动。

2）软文推广

软文推广是相对于硬性广告而言的，是由企业的市场策划人员或广告公司的文案人员来负责撰写的"文字广告"。与硬广告相比，软文之所以叫作软文，精妙之处就在于一个"软"字，好似绵里藏针，收而不露，克敌于无形。

3）论坛推广

论坛推广是指利用论坛、社区、贴吧等网络交流平台，通过文字、图片、视频等方式发布企业产品和服务的帖子，从而让目标客户更加深刻地了解企业的产品和服务，最终达到宣传企业的品牌、加深市场认知度的网络营销目的。常用的论坛有：天涯社区、网易社区、新浪论坛、阿里巴巴商人社区、搜狐社区、猫扑社区、百度贴吧等。

4）博客推广

博客推广是指利用博客开展网络营销，利用博客网络交互性平台，发布并更新企业、公司或个人的相关概况及信息，并且密切关注并及时回复平台上客户对于企业或个人的相关疑问以及咨询，并通过较强的博客平台帮助企业或公司零成本获得搜索引擎的较前排位，以达到宣传目的的营销手段。

4.3.2 网站付费推广

网站付费推广是指网站付费后才能被搜索引擎收录并靠前排名，是用户搜索关键词后，通过付费方式按点击次数计费展现的推广方式。网站通过调整每次点击付费价格，控制自己在特定关键字搜索结果中的排名，通过设定不同的关键词捕捉不同类型的目标访问者，通过设置投放地域、用户等进行精准投放。最常见的付费推广方式有竞价推广和广告推广。在国内的搜索引擎中，百度是国内最早推出竞价推广的搜索引擎，因此本书以百度为例。

1. 竞价推广

百度竞价推广是由百度公司推出的，按效果付费的网络推广方式。企业在购买该项服务后，注册并提交一定数量的关键词，其推广信息就会率先出现在相应的搜索结果中。当用户用某一关键词进行检索时，在检索结果页面会出现与该关键词相关的内容。关键词是在特定检索关键词时，才出现在搜索结果页面的显著位置。比如企业在百度提交"丽江酒店"这个关键词，当消费者或网民寻找"丽江酒店"的信息时，企业网站就会被优先显示，如图 4-94 所示。

百度竞价推广平台后台网站是 e.baidu.com，即百度营销平台。个人有营业执照并且资质通过审核是可以做推广的，没有营业执照的个人不能做推广；企业网站进行 ICP 备案登记后，还需要有营业执照和通过资质审核，才可以申请开通百度竞价推广，可以点击百度营销平台上的咨询客服按钮或立即体验按钮，如图 4-95 所示。

百度竞价推广是按照实际点击量（潜在客户访问数）收费，每次有效点击收费从几毛钱到几块钱不等，由企业产品的竞争激烈程度决定。百度营销采用的是预付费模式，需要在工作人员的协助之下开通账户，并缴纳一定的预存费与年服务费之后才能够进行推广。开通账户后，在百度营销个人账户后台首页可以看到推广效果数据、推广产品及连接通道，如图 4-96 所示。

图 4-94　百度竞价推广

图 4-95　百度营销平台首页

图 4-96 百度营销——个人账户后台首页

点击"搜索推广"进入百度竞价推广后台进行推广管理。在搜索推广管理首页可以看到账户基本信息、推广计划、推广数据等，如图 4-97 所示。左侧可预览当前的推广计划，支持筛选、排序，方便快速查询；将鼠标悬浮在所选计划上，可直接控制启用或停用该计划及新建计划操作；操作对象可以多选进行批量操作，如批量编辑启用或停用计划、预算等。

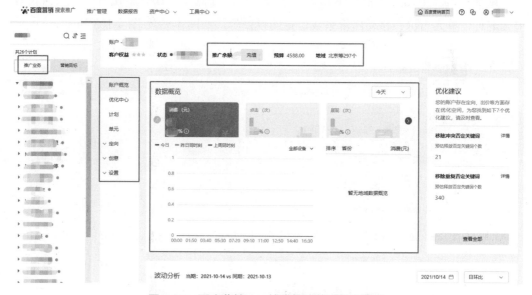

图 4-97 百度营销——搜索推广管理后台首页

依次点击"计划""新建计划",在"新建推广"页面可以设置推广计划,选择营销目标、进行推广设置,如图 4-98 所示。

图 4-98　百度营销——新建计划

依次点击"单元""新建单元",选择"推广计划",在"新建单元"页面设置单元名称、单元出价、移动出价系数、定向设置等,如图 4-99～图 4-103 所示。

图 4-99　百度营销——新建单元（一）

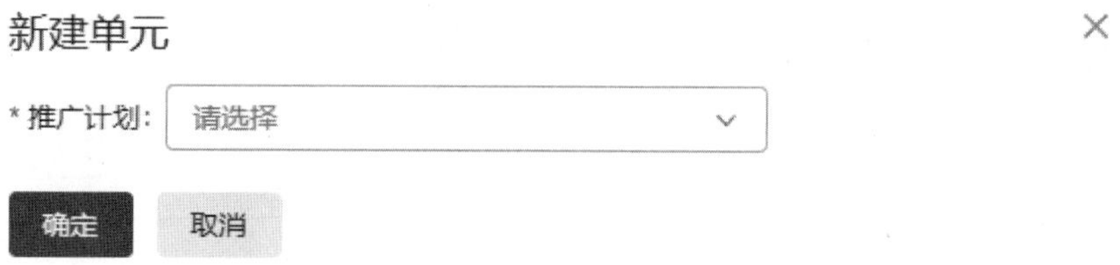

图 4-100 百度营销——新建单元（二）

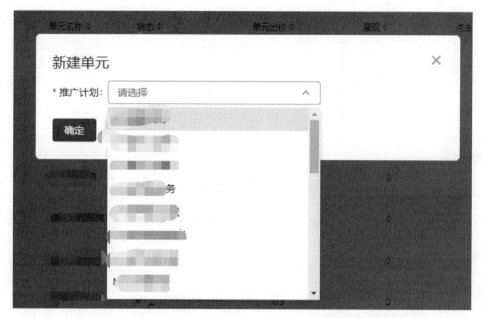

图 4-101 百度营销——新建单元（三）

图 4-102 百度营销——新建单元（四）

图 4-103 百度营销——新建单元（五）

依次点击"定向""关键词"，可以新建关键词或修改关键词，如图 4-104 所示。

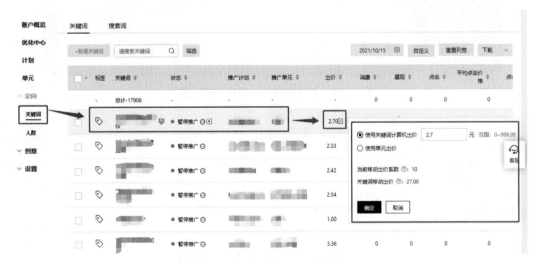

图 4-104 百度营销——关键词设置

点击"人群"，可以"新建人群"或修改人群设置信息，如图 4-105 和图 4-106 所示。

项目四 独立网站运营

图 4-105 百度营销——人群设置（一）

图 4-106 百度营销——人群设置（二）

点击"创意""创意组件"，可以进行"创意管理"和"创意配图管理"或修改关键词设置，如图 4-107 所示。

图 4-107　百度营销——搜索推广首页（一）

点击"计划设置"，可以查看计划、状态、推广业务、预算、地域、时段、出价及创意展现方式等，如图 4-108 所示。

图 4-108　百度营销——搜索推广首页（二）

2. 广告推广

百度营销的产品有搜索广告、信息流广告、品牌广告、开屏广告和聚屏广告等类型广告。

搜索广告是百度根据用户主动搜索的关键词展现的推广内容，通过关键词触发而展现的广告，触达的客户一般较为精准。广告展现的形式有标准推广、高级样式（如图 4-109 所示）和线索通三种。

图 4-109　百度营销——搜索广告（高级样式）

信息流广告是百度将推广信息融入各类资讯、信息中，这种广告方式根据客户主动搜索的关键词，定向展现营销内容。广告展现的形式有百度APP、百度贴吧（如图 4-110 所示）、百度首页及百度手机浏览器等平台。

图 4-110　百度营销——信息流广告（百度贴吧）

品牌广告是百度用首页霸屏方式展示的广告形式，这种广告呈现在百度搜索结果首页，以超大黄金首屏展示推广信息，帮助广告主实现品牌差异化，快速提升品牌公信力，有利于建立品牌形象，满足用户高频需求，通过百科、品牌故事强化等形式进行权威背书。品牌广告展现的形式有品牌专区矩阵（搜索结果第一位）、炫动品牌专区（搜索触发当前全屏）、行业和特殊品牌专区（搜索结果第一位）和品牌华表（网

173

页检索页右侧首位），如图 4-111 所示。

图 4-111　百度营销——品牌广告（品牌华表）

开屏广告，即百度开屏矩阵，是以围绕百度 APP 搭建的百度系开展的产品矩阵，是百度基于大数据赋能和意图营销的移动营销产品，利用人工智能动态捕捉核心目标受众，定向精准，支持多维度定向方式，采用多产品联投方式，多品牌广告联动，实现全域品牌集中曝光。开屏广告的展现形式有百度 APP、百度地图、好看视频、百度网盘、百度贴吧等百度系软件 APP，如图 4-112 所示。

图 4-112　百度营销——开屏广告（百度 APP）

聚屏广告是百度推出的数字屏幕程序化广告平台，聚合了线下多类屏幕，通过家、单位、校园、地铁、影院及公交场景等全场景覆盖，根据不同省市、时段、人群、商圈、场景及屏幕等进行精准化定向。聚屏广告投放的展现形式有影院场景（取票机屏、通道电视等）、楼宇场景（电视屏、通道电视等）、生活服务场景（社区电子屏、门禁屏、超市屏等）、家庭场景（智能电视、智能音箱屏等）及出行场景（机场屏、出租车屏、火车站屏等），如图4-113所示。

图4-113　百度营销——聚屏广告（车站屏）

3. 知识营销

百度知识营销是指在百度知识系媒体，通过词条、图文、短视频等内容形态，为目标受众提供有知识、有价值的信息，持续影响用户消费决策，帮助客户树立官方权威形象，实现商业增益。

百度知识营销平台主要包括百度百科、百度知道、百度文库平台。百度百科一般适合做品牌词条；百度知道适合做商业问答；百度文库适合做企业机构页。

在百度营销个人账户首页，点击"知识营销"，如图4-114所示。

图4-114　百度营销——知识营销

在"知识营销"后台管理首页，可以进行推广管理，进行新建或设置推广计划、推广单元、组件、中间页、知识问答及高级创意管理，如图 4-115 所示。

图 4-115 百度营销——知识营销首页

百度知识营销平台是对客户的百度知识场景中进行的软植投放，以知识传播的方式，使客户对企业形成深刻认知，从而影响消费决策。知识营销的付费方式是按点击收费（cost per click，CPC），适合于长决策周期行业、知识属性强的企业。

无论是百度的竞价推广、广告推广还是知识营销，都需要先和百度营销后台客服联系开通账户，按照访问数量计费，企业可以灵活控制网络推广投入。对于首次开户的客户，需要一次性缴纳预存推广费用和服务费。开通服务后，客户自主选择关键词设计投放计划，当搜索用户点击客户的推广信息查看详细信息时，会从预存推广费中收取一次点击的费用，每次点击的价格由客户根据自己的实际推广需求自主决定，客户可以通过调整投放预算的方式自主控制推广花费。当账户中预存推广费用完后，客户可以根据情况进行续费。

4. 其他付费推广

1）付费外链推广

新网站上线后，如何增加网站外链和快速提升网站权重呢？最简单的增加网站外链办法就是将网站发布各大分类目录网站上，分类目录收录能提高搜索引擎中网站权重，可为网站带来外链和流量。目前所有的网站目录都提供免费收录服务，但前提是要做好链接，不做链接的话可以付费外链。但做付费外链的好处是，直接链接、排名优先、拥有快审标志及永久收录。因此，网站也可以考虑通过付费的方式向网站开放分类目录提交自己的网站。

2）付费收录推广

付费收录是指部分搜索引擎提供付费收录服务，一般需向其支付一定服务费用即可使网站得到收录。付费收录是一种由搜索引擎业者推出的搜索引擎行销产品，意在让网站运营者为网站收录于搜索引擎索引支付费用。由于这种方式可能对搜索结果的公平性及客观性造成负面影响，付费收录已经被多数人所拒绝；对于付费收录的使用一直存在争议，而且在近年来越来越少搜索引擎业者有付费收录业务，以搜索引擎广告业务的形式取代之。

3）网站联盟推广

网站联盟，即网络联盟营销、联属网络营销，是指通过网站平台，将大量的商家联合起来，实现资源共享、利益互通的一种营销模式。

值得一提的是，即使是做了按点击收费竞价排名和付费广告及其他付费推广方式，也应该对网站进行搜索引擎优化设计，并将网站发布在各大免费的搜索引擎中。

四、小试牛刀

1. 利用第三方平台自助搭建网站。

2. 注册并使用百度指数及站长工具。

3. 选定某一网站，查看该网站的搜索引擎优化信息，并填写《网站搜索引擎优化信息表》。

4. 了解百度营销平台产品。

五、他山之石

本部分参考内容请扫描扩展阅读 4.5 二维码阅读。

网站搜索引擎优化信息表

填表人：　　　　　　　填表时间：　　　　　　查询工具：

网址			搜索词 / 自然排名		第 页 名	
1	域名 whois 信息分析	创建时间	年 月 日	过期时间	年 月 日	
		域名年龄	年 月	同 IP 网站	个	
2	网站权重	百度	百度移动	360		
3	各搜索引擎收录/反向链接数量	百度	/	搜狗	/	
		谷歌	/	360	/	
4	TDK 设置	Title（字符数）				
		Description（字符数）				
		Keywords（字符数）				
5	关键词分析	关键词	排名 / 指数	出现频率 / 密度	备注	
6	友情链接	友情链接	个	无反链	个	
		站点链接地址		百度权重（降序排列）	位置 | 友链数	
7	综合分析结论					

项目五　酒店新媒体营销

1. 掌握微信营销；
2. 了解短视频营销、直播营销、微博营销；
3. 理解今日头条营销、知乎营销。

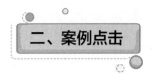

酒店如何利用微信公众号运营

首先，酒店需要先明白以下几点：

酒店申请微信公众号用来做什么？实现微信订房功能？管理会员用户，逐渐摆脱OTA？酒店品牌宣传？客服功能？

7天连锁酒店集团，自2005年成立以来，经过快速发展，分店总数已经超过2 000家，覆盖全国300座城市，成为中国经济型酒店行业的第一品牌。

微信公众号：7天酒店家族。

微信号：sevendaysgroup。

公众号类型：服务号。

账号主体：7天四季酒店（广州）有限公司（如图5-1所示）。

企业全称：7天四季酒店（广州）有限公司。

认证时间：2018年8月23日。

企业成立日期：2010年8月13日，如图5-2所示。

图文推送时间：周末（周四、五、六）或节假日当天（元旦、元宵节等），每月不超过4次。

主菜单——订房：有"预订房间"和"720°全景看3.0"两个子菜单。

子菜单——预订房间：锦江酒店小程序，可以选择酒店、钟点房，定位后，选择入住和退房时间，设置关键词，即可预订。

子菜单——720°全景看3.0：全景看房，可以看房型及房间设施布局。

主菜单——借充电宝：有"附近网点""扫一扫"和"用户中心&提现"3个子菜单。

图5-1　7天酒店家族微信公众号和公众号资料

主菜单——7天商城：有"7天不打烊"一个子菜单。

子菜单——7天不打烊：有赞微商城。

图5-2　7天酒店家族微信公众号账号主体认证信息

项目五 酒店新媒体营销

从成立之初，7天酒店就大力推进电子商务平台的应用，打造一个完善的网络系统平台。目前已建成集国内独家集互联网络、呼叫中心、短信、手机网页及店务管理系统为一体的系统，可实现即时预订、确认及支付功能。这使得消费者无论何时何地都可以轻松、便捷地进行查询、预订。目前，7天酒店约有40%的客房订单是通过网站来实现的，这样的比例在所有经济型酒店中居于最高。

三、实例任务

新媒体是相对于传统媒体而言，是报刊、广播、电视等传统媒体之后发展起来的新的媒体形态，是利用数字技术、网络技术、移动技术等新型科学技术，通过互联网、无线通信网络、有线网络等渠道以及计算机、移动终端、数字电视机等终端，向用户提供信息和娱乐的传播形态和媒体形态。

近年来，新媒体在世界各国发展迅猛，中国也不例外，以微博、微信等为代表的社交媒体成为人民群众讨论新闻时事、发表个人意见、开展娱乐活动的重要平台。新媒体的互联互通、即时通信改变了人们获取信息、交流信息的方式，改变了人们的生活方式。

即时通信除了能加强网络之间的信息沟通外，最主要的是可以将信息与聊天用户直接联系在一起。通过将信息向聊天用户群及时群发送，可以迅速吸引聊天用户群的关注。国内主流的即时通信软件有QQ、微信。

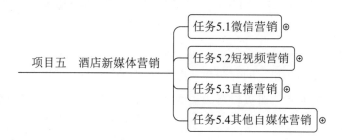

任务5.1 微信营销

即时通信利用的是互联网线路，通过文字、语音、视频、文件的信息交流与互动，有效节省了沟通双方的时间成本与经济成本。即时通信系统不但成为人们的沟通工具，还成了人们利用其进行电子商务、工作、学习等交流的平台。

5.1.1 个人微信号

据统计，截至 2021 年 6 月 30 日，微信每个月在线活跃用户数超过 12 亿名。每日有超过 450 亿次信息发送，4.1 亿次音频呼叫成功。现在绝大部分企业都开通了微信公众号，却忽略了个人号的经营。然而，个人微信号是利用微信进行社群营销必不可少的布局。

社群营销是基于相同或相似的兴趣爱好，通过某种载体聚集人气，通过产品或服务满足群体需求而产生的商业形态。社群营销的载体不局限于微信，各种平台，甚至线下的平台和社区都可以做社群营销。相比微信公众号，个人微信号能主动加粉，粉丝价值远大于公众号，有更即时的互动；可以通过朋友圈转发公众号推送从而获取流量；个人微信号离客户最近，最容易与客户建立关系。

如何利用个人微信号来运营呢？

微信运营的目标是先明确目标客户，并最大限度地添加微信好友；像打造一个品牌一样，把个人微信号打造成个人品牌，通过将个人的影响力及其价值在微信上做强与粉丝的关系，用粉丝的信任和互动来做营销。

1. 基本设置

微信的打造是从账号的基本设置开始的。

1）昵称

微信昵称尽量简短，要朗朗上口，用好记的名字，建议用"真实姓名＋工作内容"。目前有很多商家的个人微信号的昵称最前面以"A"或"0"开头，以此使得自己的微信在粉丝的通讯录前面，从而增加曝光率。

2）头像

微信头像建议别用明星、网红照片，也不要用公司的 logo。用个人真实的生活照。如果有和名人合影的照片，可以设置成头像，这样通过率也会比较高，也更值得信任。

3）微信号

新版本微信的微信号只能用字母和数字的组合，建议使用好记、有特点的组合，便于交换微信的时候能使对方记住。

4）个性签名

个性签名可以使用自己喜欢的励志格言，也可以表明自己的身份。可以用"企业名称＋职位＋品牌"进行设置。

此外，微信号与手机号、QQ 号绑定也是必要的操作。

个人账号就是最好的自媒体，账号的名字就是最好的品牌，给自己贴最好的标签，分享知识和见解。

2. 微信群营销

好的人脉是自己策划出来的。利用个人微信，主动添加身边的好友、加入不同的圈子、多参加各种活动积累人脉。在时机成熟的时候，可以自己建立微信群维系粉丝。可以在微信群作互动。例如，可以在微信群发布行业资讯信息、探讨热点话题，偶尔可以发布最新的促销信息。

社群营销的关键是有一个意见领袖，也就是某一领域的专家或者权威，这样比较能树立信任感和传递价值。通过社群营销可以提供实体的产品满足社群个体的需求，也可以提供某种服务。各种自媒体最普遍的是提供服务。比如招收会员，得到某种服务，或者进某个群得到专家提供的咨询服务等。

社群是任何时代、所有商业都在追求的终极目标，但只有在移动互联网时代，有了微信这样的高效率工具之后，社群才是可能的。社群也是有着共同关注点的一群人在一起找到了解决痛点的方案。一个有社群的品牌和没有社群的品牌，其竞争力是完全不同的。

3. 微信朋友圈营销

比较常规的朋友圈封面设置就是设置风景图、人物图。如果是销售性质，则可以选择把自己能提供的资源设计一个封面，这样一来，不仅新朋友点击查看你的朋友圈时就知道你的资源，老朋友在看你的朋友圈时也知道你拥有什么资源，方便后续资源合作。

4. 账号运营

现在很多企业都是"公众号＋个人号"的形式，不管是不是做微信传播的企业都建议这样做。

1）粉丝

目前一个微信号的好友上限是 5 000 名，大多数支持应用分身的安卓手机可以同时登录两个微信号。当然，也可以利用一些 APP 在同一个手机登录多个微信号。利用微信发朋友圈，同时会有上千人看到，这样的曝光率比做广告都要强。

2）运营

（1）朋友圈的配图数量最好是 2、3、4、6、9。这样数字的图片发出去排列整齐，也会吸引人点开。

（2）朋友圈九宫图。朋友圈发 9 张图片，其中第 5 张，也就是中心那张发成广告图片，其他 8 张发成同类型的趣味图片，这样不会引起别人的反感。

（3）定时发励志文字、图片或链接。例如，每天早上发励志文字配上图片，效果很好。配图很重要，一图胜千言。如果直接转发文章链接，一定要加上自己的评论，或摘录文章中的精华，引起阅读兴趣。加上个人见解，是打造个人品牌的重要一步。

（4）用"所在位置"植入广告语。发朋友圈的时候，点开"所在位置"，点右上角的放大镜搜索位置，然后输入广告语，点搜索之后，会在页面最底端出现"没有找到你的位置？创建新位置："，点击后在"创建位置"窗口填写信息，点击"完成"创建为止后，再发朋友圈时，就能在"所在位置"看到设计的广告语。

（5）朋友圈文字太多。朋友圈发的文字如果超过6行，就会被折叠起来。好友需要点开"全文"才能看全。发完朋友圈后，可以全文复制并发表在评论里，这样别人在刷朋友圈时，可以直接在评论里看到全文。

5.1.2 微信公众号

随着自媒体营销的发展，很多传统酒店商家都开始建立了酒店的公众号。微信公众号不仅能推广自己的公司和产品，还能带来一定的流量。企业如何拥有自己的微信公众号呢？

扩展阅读5.1
微信公众号分类与权限
案例分析

1. 注册、认证

不同于个人微信号，微信公众号是通过电脑来操作的，网址是mp.weixin.qq.com。

1）注册

点击首页右上角的"立即注册"，进行注册，如图5-3所示。

选择注册账号的类型，并根据提示填写信息。填写信息之前需要准备资料，不同公众号类型提交的资料也不相同，如图5-4所示。

特别建议：注册手机、手机号和电子邮箱由公司统一管理，不要使用员工个人手机号和邮箱。

公众号注册步骤如下。

第一步，填写基本信息。填写邮箱地址，点击激活邮箱，设置密码；登录邮箱查看激活邮件，填写邮箱验证码激活。

扩展阅读5.2
企业服务号注册所需资料
案例分析

第二步，选择类型。了解订阅号、服务号和企业微信的区别后，选择账号类型。

第三步，信息登记。选择主体类型"企业"，并填写主体登记信息：企业名称、营业执照信息和注册方式。

第四步，填写公众号信息。公众号信息包括账号名称、功能介绍、运营地区、语言和类型（选择普通公众账号类型）。

项目五 酒店新媒体营销

图 5-3　微信公众平台首页

个体户类型	企业类型	政府类型	媒体类型	其他组织类型	个人类型
个体户名称	企业名称	政府机构名称	媒体机构名称	组织机构名称	
营业执照注册号/统一信用代码	营业执照注册号/统一信用代码	组织机构代码	组织机构代码/统一信用代码	组织机构代码/统一信用代码	
运营者身份证姓名	运营者身份证姓名	运营者身份证姓名	运营者身份证姓名	运营者身份证姓名	运营者身份证姓名
运营者身份证号码	运营者身份证号码	运营者身份证号码	运营者身份证号码	运营者身份证号码	运营者身份证号码
运营者手机号码	运营者手机号码	运营者手机号码	运营者手机号码	运营者手机号码	运营者手机号码
已绑定运营者银行卡的微信号	已绑定运营者银行卡的微信号	已绑定运营者银行卡的微信号	已绑定运营者银行卡的微信号	已绑定运营者银行卡的微信号	已绑定运营者银行卡的微信号
	企业对公账户				

图 5-4　注册微信公众平台需要准备的材料

在完成注册之后，会进入审核状态。一般审核在 5 个工作日内完成。

2）认证

认证是指在公众号加 "V" 符号。

以"书香酒店雅生活"微信公众号为例。点击该公众号首页右上角的"…",可以查看该公众号的更多资料。账号主体是书香酒店投资管理集团有限公司(如图5-5所示);点击账号主体右面的箭头,查看账号主体信息(如图5-6所示)。

图 5-5　微信公众号示例——查看认证信息

图 5-6　微信公众号示例——查看账号主体信息

通过查看微信公众号的认证信息，可以看到企业名称、经营范围、工商执照号码、企业成立日期等信息。

认证后的公众号可以开放更多功能接口，加"V"后让关注者更信赖，可以实现收付款功能、在微信搜索排名更靠前等。微信认证服务审核费是每年300元。企业有对公账户即可以申请认证。认证可以在注册之后直接申请，如图5-7所示。

图5-7 微信公众号认证申请（一）

也可以在微信公众号后台的右上角依次点击"未认证""认证详情"进入微信认证页面，如图5-8所示。

在微信认证页面可以看到公司列表。目前微信认证的审核是委托第三方审核公司来审核的，在提交认证后，会通过站内信和微信模板消息告知被委派给哪个审核公司，审核公司会联系认证企业核对相关信息。点击微信认证"开通"，并填写认证材料，如图5-9和图5-10所示。

微信认证需要提供的材料有申请认证公函（需要下载、填写、盖章、扫描、上传）、对公账户（账户名称、账号和开户银行）、资质证明文件（工商营业执照扫描上传）、《商标注册书》和《商标授权书》（可选）、《税务登记副本》或《一般纳税人资格证书》（可选）、《企业开户许可证》（可选）。

扩展阅读5.3 微信认证账号命名规则说明

图 5-8　微信公众号认证申请（二）

图 5-9　微信公众号认证申请（三）

图 5-10 微信公众号认证申请（四）

微信认证信息填写完毕、扫码支付认证审核费用，在支付成功后，以通知中心收到派单消息算起，在 1～3 个工作日内进行微信认证审核。

3. 运营

1）自定义菜单

微信公众平台可以在会话界面底部设置自定义菜单，菜单项可以根据需要设定，并设置相应动作。

微信公众号平台最多可以创建 3 个主菜单，主菜单名称不多于 4 个汉字或 8 个字母；每个主菜单最多可以创建 5 个子菜单，子菜单名称不多于 8 个汉字或 16 个字母，如图 5-11 所示。

图 5-11　微信公众号——自定义菜单（一）

未设置子菜单的主菜单和子菜单可以设置动作，按照设置进行响应，如发送消息、跳转链接等。

发送的消息类型可以是文字、图片、语音、视频和图文消息等；跳转的链接可以是图文素材库中的素材，认证号还可以直接输入网址进行跳转。例如，在"书香酒店雅生活"微信公众号会话页面底部，有三个主菜单，分别是酒店预订、书香商城和品牌故事。点击"品牌故事"子菜单，跳转"书香酒店集团品牌故事"图文，如图 5-12 所示。

点击"雅生活馆"子菜单，进入"书香雅生活馆"微网站页面，如图 5-13 所示。

进入微信公众平台的菜单管理页面，设置主菜单、子菜单；菜单设置时，填写菜单名称、菜单内容。菜单内容选择发送消息时，可以选择图文消息、文字、图片、卡券；不支持纯文字类型（最多可以输入 600 字）；不支持跳转外部链接。

项目五 酒店新媒体营销

图 5-12 微信公众号——自定义菜单（二）

图 5-13 微信公众号——自定义菜单（三）

2）图文推送

在图文推送前，首先要创建图文消息。图文推送的消息是该公众号要发布给粉丝的相关资讯信息，通过推送展现活动内容、相关咨询等。推送的形式有单图文推送和多图文推送，如图 5-14 所示。多图文每次最多可以编辑 8 条图文内容。

图 5-14　微信公众号——图文消息的类型

目前，每条图文消息内容里没有图片数量限制；正文里必须要有文字内容。图片加文字的正文内容不超过 20 000 字。

在微信公众平台后台界面的素材管理页面，点击"新建图文素材"，在图文编辑页面，填写标题、作者（可选）、正文、摘要、选择封面、申请原创（可选）、原文链接（可选），如图 5-15 所示。

扩展阅读 5.4
图文素材编辑规则

在图文编辑完成后，可以发送手机进行预览。点击"预览"，输入个人微信号（必须是已经关注此公众号的个人微信号）。发送成功后，可以在手机上查看预览效果。预览的图文有时效性，可以在 12 小时内预览，或在达 500 次预览之后自动失效；预览图文可以转发微信好友或微信群；预览图文不是群发，所以其他粉丝在手机端收不到该预览图文的推送。图文素材可以随时进行编辑，预览没有问题之后，便可以进行群发。

项目五　酒店新媒体营销

图 5-15　微信公众号——多图文素材编辑

在群发时，平台会自动提示今天或者本月还可以群发消息的次数。目前，除了服务号和订阅号有次数限制外，还有一些特殊的公众号，推送次数不受此限制。第一类，早期认证的公众号。微信公众平台于 2012 年 8 月 18 日发布，当时刚刚注册的公众号，只要完成认证就可以推送三次，并保留至今，每天可以推送三次。第二类，特殊需求的公众号。特殊的企业单位的公众号，如传媒、新闻类公众号，可能会被微信官方开放推送次数，每天可以推送多次。

图文推送也要注意一些技巧。

第一，图文标题。推送的图文标题非常重要，一定要观点明确、有解决方案、三观端正，要符合公众号的定位。

第二，正文排版。公众号推送的图文内容的排版问题可以借助排版工具来解决。微信公众平台在线排版工具很多，目前较被认可的常见的有 i 排版（ipaiban.com/bianji）、秀米（xiumi.us）等。

扩展阅读 5.5
微信公众号排版

第三，推送时间。公众号图文推送的时间，并没有标准答案。但是有几个时间点是普遍认为比较好的时间，分别是 6—8 点、12—14 点、20—22 点。企业可以根据自己粉丝的阅读习惯选取几个时间段进行测试，每个时间点固定推送一段时间进行测试，综合结果选定推送的时间。目前的微信公众号已经支持定时推送了，可以提前排版编辑好图文进行定时推送。

3）自动回复

在微信公众号后台可以通过设置关键词自动回复，反馈信息给粉丝。微信公众号的自动回复有3种：被关注回复、消息自动回复和关键字自动回复。

粉丝发送信息给微信公众号时，如果匹配了已经设置的关键字，则按照匹配规则回复"关键词回复"设置的自动回复信息，否则，按照设置的"收到消息回复"设置的自动回复信息。

5.1.3 微商城

微商城是基于微信公众平台开发的，也叫微信商城。微商城既可以依托微信的传播，又可以实现移动端的O2O的在线交易功能。通过在微信上嫁接微商城，可以实现广告发布、会员管理、商品展示和交易管理。通常，微商城的开发可以由网络公司定制开发，也可以利用第三方平台自助搭建。如图5-16所示，是"书香酒店雅生活"微信公众号，点击菜单中的"微信商城"，即可进入微信商城首页。

图5-16 书香酒店集团微商城（一）

项目五　酒店新媒体营销

在页面最底部可以看到开发者信息；也可以按住手机屏幕向下滑，查看网址，如图 5-17 所示。

图 5-17　书香酒店集团微商城（二）

用电脑输入查看到的网页地址中后面部分"iwide.cn"，就可以进入开发者网站。如果企业想参考同行的微商城进行开发，可以通过这种方式直接找到开发者。

通常，这种开发方式费用高些，后期的维护也会有开发者的支持和技术指导。如果企业有技术人员，也可以利用其他第三方平台自助搭建微商城，如图 5-18 和图 5-19 所示。

通过页面底部信息和下滑网址，可以看到第三方平台信息。目前，国内微商城第三方开发平台很多，有赞（原口袋通）是其中做得比较好的。通过有赞等第三方开发平台，商家可以自助搭建微商城及小程序商城、实现分销功能、对微信公众号进行管理等。一个有赞账户可以创建多个店铺，部分功能可以使用有赞的手机客户端管理，如图 5-20 所示。

195

图 5-18　书香酒店集团微商城（三）

图 5-19　书香酒店集团微商城（四）

图 5-20　微商城——有赞

有赞开发微商城应用中心提供套装应用,便于再次开发和微商城运营。通常,在自助注册并试用之后,会有工作人员联系。可以免费试用1 周,1 周后账户状态显示为"已打烊"或"已过期"。

此外,认证的服务号也可以在微信公众平台申请微信支付,并开通微信小店。在开通微信小店后,店铺的操作在微信公众号后台直接进行管理。相比第三方开发平台,微信小店的功能比较受限。

扩展阅读 5.6
有赞平台的介绍
案例分析

5.1.4　微网站

微网站是建立在微信上的移动端网站,适应移动互联网发展趋势,更方便用户浏览。将企业微网站植入微信公众平台,关注公众号即可访问网站。在保留公众平台的优势下,展示企业形象;与仅开发网站相比,企业微网站有更好的交互性,提升用户体验。

微网站的开发可以在电脑端开发的同时,开发手机端,然后在微信公众号上做外链;也可以利用第三方开发平台,调用应用程序接口,直接在微信公众号上查看。国内做得比较早比较好的第三方开发平台有微盟、微互动等。

通常,第三方开发平台的微网站提供很多模板,尤其是行业模板。企业可以自助搭建微网站,选择模板后即可操作。

扩展阅读 5.7
微盟平台的介绍
案例分析

5.1.5　小程序

小程序,即微信小程序,是一种不需要下载安装即可使用的应用。用户可以通过扫码或者搜索查找小程序,打开即可以使用,不需要下载安装。小程序主体类型可以是企业等组织，也可以是个人开发者。小程序是和服务号、订阅号、企业号并行的体系，于 2017 年正式上线。

微信小程序商城的优势在于：方便快捷，不需要下载 APP；速度快，不占用手机内存；安全稳定；功能丰富，场景丰富；开发成本低，维护简便；开放的入口多，可以通过扫码、朋友转发、搜索、附近查找；可以将小程序链接嵌入图文素材中进行群发，也可以在公众号的菜单上做成链接的形式。

企业开发小程序商城或微商城，可以通过专业公司定制开发，也可以利用第三方开发平台自助搭建。

1. 自助搭建

如有赞、微盟等平台，都可以实现一键生成小程序网站、微商城，适用于有运营团队的酒店商家自助搭建并运营。如图 5-21 所示的"龙凤山庄度假村"微商城，是用有赞平台开发的。

图 5-21 龙凤山庄度假村小程序商城

有赞提供酒店行业解决方案，直接面向酒店行业企业，提供移动互联网酒店预订和营销系统。利用第三方平台搭建微商城或小程序商城的好处是：无须开发，一键授权搭建，可以帮助酒店商家快速搭建商城，对接微信小程序；系统稳定，平台功能完善；线上培训、线下交流机制完善。

2. 定制开发

仅有客服团队或有特殊需求的酒店商家，则适合选用专业开发公司定制开发微商城或小程序商城。

此外，微商城及小程序等移动商城可以和企业资源计划系统进行对接，如收银系统、客户关系管理系统、仓储物流管理系统等。此外，微商城及小程序商城可以直接实现分销功能。企业可以搭建扁平化推广架构，完善分销机制。

扩展阅读 5.8
商之翼平台的介绍

案 例 分 析

5.1.6 其他

1. 微信营销

利用第三方平台开发的微商城、微网站、小程序等，可以直接使用平台提供的营销工具。如图 5-22 所示的是有赞平台提供的营销工具。如图 5-23 所示的是有赞的第三方应用，可以在有赞上进行二次开发。微信店铺的管理也可以和企业内部管理的 ERP 进行对接，如图 5-24 所示。

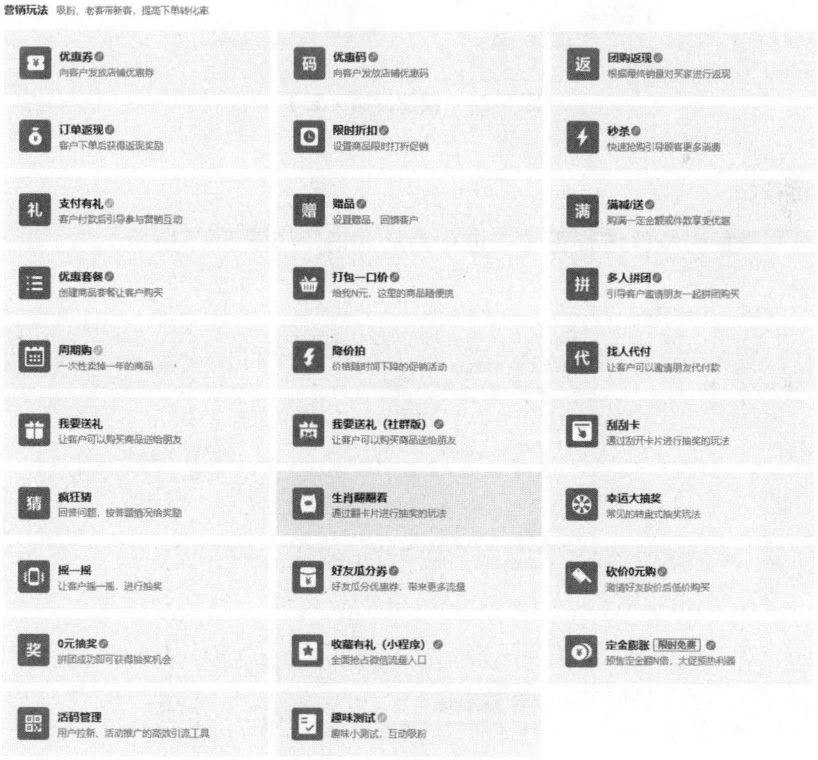

图 5-22 微信营销（一）

图 5-23 微信营销（二）

图 5-24 微信营销（三）

2. 会员营销

可以利用微信对粉丝进行管理，进行会员营销，如图 5-25 所示。

图 5-25 会员营销

3. 微信分销

有赞平台的分销市场可以提供微信分销功能。商家可以入驻有赞供货商平台（fx.youzan.com/intro/supplier），申请成为供货商，如图 5-26 所示；也可以在分销市场找到货源一键铺货至自己的微商城（www.youzan.com/v4/goods/fxmarket），如图 5-27 所示。个人微信号可以直接转发微商城、小程序的首页或产品链接。分销商根据分销商品的差价获取利润。

图 5-26 微信分销（一）

图 5-27 微信分销（二）

任务 5.2 短视频营销

2016年是短视频元年，当流量、带宽、资费、终端等都不再是问题的时候，尤其是在视频移动化、资讯视频化和视频社交化的趋势带动下，短视频营销正在成为新的品牌营销风口。

5.2.1 短视频营销现状及特点

1. 短视频营销现状

2017年以来，互联网内容营销以"短视频"为主。短视频改变了人们以往通过图文获取资讯的方式,满足了用户碎片化的资讯获取需求。短视频用户数量呈持续爆发式增长。据统计,截至 2018 年 6 月,短视频月活动用户达 5.05 亿,短视频用户总使用时长为 7 267 亿分钟。

2. 短视频营销特点

数据显示,短视频营销具有用户黏性高、用户参与度高、用户传播覆盖面广的特点,搭建了品牌与用户沟通的桥梁。

1)用户黏性高

调查显示,短视频用户平均每天观看 7.2 次,平均每次使用 33.6 分钟,日平均使用时长为 83.6 分钟。短视频已逐渐成为用户生活的一部分。高用户黏性保证了短视频营销的利用率。

2)用户参与度高

调查显示,93% 的用户会点赞短视频,84.5% 的用户会参与短视频的评论,短视频用户的互动需求及参与度不断提高。高用户参与度保证了短视频营销的有效率。

3)用户传播覆盖面广

调查显示,90.5% 的用户分享过短视频,达到 2 次甚至 N 次传播,使传播具有"乘法效应",传播覆盖面广。高用户传播性保证了短视频营销的覆盖面。

据研究数据表明,大脑处理可视化内容的速度要比纯文字快 60 000 多倍。当下短小精悍的短视频更符合时间碎片化场景需求。这就意味着品牌使用短视频作为与用户交流的平台将更容易被受众接受,更容易实现品效合一的传播效果。

5.2.2 相关概念

1. 电视商业广告

电视商业广告是指运用摄像机等高清或标清设备为拍摄工具的电视广告影片。电视商业广告能够快速塑造品牌形象,迅速提升知名度。一般电视商业广告时间长度分 5 秒、15 秒、30 秒、60 秒 4 种。相对短视频广告而言,53.8% 的用户认为短视频广告更原生,48.7% 的用户认为短视频广告互动性更强,更容易被转发和扩散。

2. 关键意见领袖

关键意见领袖是营销学上的概念,是指拥有更多、更准确的产品信息,且为相关群体所接受或信任,并对该群体的购买行为有较大影响力的人。在各种社群中,关键意见领袖往往是来自各行各业的艺术家、设计师、媒体人、网红等。

3. 碎片化

短视频内容独特、短小精悍，容易占据用户的碎片时间。据统计，46.8%的营销人认为短视频迎合了用户碎片化时间的需求。随着互联网时代的发展，数字技术、网络技术、传输技术的大量应用，大大强化了受众作为传播个体处理信息的能力，碎片化现象引发了受众个性化的信息需求。碎片化是目前所有媒体平台的最重要的趋势，是受众追求自我、追求个性的必然发展。

4. UGC/PGC

用户生产内容（user generated content，UGC）是指用户将自己原创的内容通过互联网平台进行展示或者提供给其他用户。UGC是互联网最重要的果实之一，可以说互联网的发展史就是UGC的发展史。早期一些视频网站采用的是UGC模式，用户可以自由上传内容，丰富网站内容，但不利的方面在于内容的质量参差不齐；现专业视频网站大多采用专业生产内容（professional generated content，PGC）模式，分类更专业，内容质量也更有保障。目前的很多电商媒体，特别是高端媒体，采用的也是PGC模式，其内容设置及产品编辑均非常专业。酒店商家可以通过传播载体发布传播的内容，通过奖励活动鼓励用户互动，如点赞、评论、转发等。UGC或PGC的互动形式的核心价值就是要做到以人为本，通过分发的调配来平衡资源，强化读者的参与感，获得多数人的认可，同时起到传播的目的。

5.2.3 视频营销平台

当前短视频营销玩法主要有硬广投放、内容植入、内容定制、网红活动、账号运营和跨平台整合等营销形式。

扩展阅读5.9
抖音APP
使用规则

案例分析

1. 抖音

抖音于2016年9月上线，是一款可以拍短视频的创意短视频社交软件，是一个专注短视频的社区平台。用户可以通过这款软件选择歌曲，拍摄短视频，形成自己的作品。

2. 快手

快手是北京快手科技有限公司旗下的产品，诞生于2011年3月，最初是一款用来制作、分享动态图片的手机应用。2012年11月，快手从纯粹的工具应用转型为短视频社区，用于用户记录和分享生产、生活的平台。在快手上，用户可以用照片和短视频记录自己的生活点滴，也可以通过直播与粉丝实时互动。

3. 西瓜视频

西瓜视频是字节跳动旗下的个性化推荐短视频平台，通过人工智能帮助每个人发现自己喜欢的视频，并帮助视频创作者分享他们的视频作品。西瓜视频是今日头条旗下独立短视频 APP。基于人工智能算法为用户作短视频内容推荐，它能让用户的每一次刷新，都发现新鲜、好看，并且符合自己口味的短视频内容。边看边买是西瓜视频上线的一项服务于创作者、并为创作者带来收益的功能。在视频中插入与视频内容相关的商品卡片，用户观看视频时点击商品卡片完成交易，创作者即可获得佣金收益。西瓜直播是西瓜视频的直播平台，通过人工智能能帮助每个人发现自己喜欢的直播，并帮助创作者们分享他们的直播。

4. 美拍

美拍是于 2014 年 5 月上线的一款可以直播、制作小视频的软件。2016 年 1 月，美拍推出直播功能。

5.2.4 酒店如何做短视频营销

短视频营销的价值不止体现在用户流量红利上，其自身的特征也决定了短视频营销会成为未来重要的营销形式。短视频营销投放门槛低、适应性强、信息承载量丰富、传播力强。短视频营销兼具表现力和传播力，既可以实现品牌、产品信息展示和传达的深度，又可以实现品牌、产品信息的传播范围最大化。

1. 如何做短视频营销

短视频营销纵然火爆无疑，各大品牌纷纷试水，但在摸索前行中除了热闹之外，真正被传承为佳话的案例却微乎其微，那么品牌主们该如何更有效地利用好这张牌呢？

1）开展内容营销

酒店商家可以从讲述故事的角度，为消费者带出推广的内容，由真实的人物、讲述真实的故事、流露真实的情感。内容即营销，营销及内容。两者融为一体。酒店商家可以利用视频展示酒店的品牌形象、服务形象、企业文化；可以利用视频展示消费者的入住体验；可以利用视频充分展示酒店产品及服务，除客房服务外，还可以展示酒店的会务、餐饮、娱乐设施、商务服务等。

2）植入品牌情感

短视频所做的内容营销是目前塑造品牌好感十分有效的方式，将品牌情感植入酒店商家视频中，将视频情感映射品牌精神中去。通常，短视频制作要先进行文案策划，然后拍摄素材、剪辑视频，使视频富于品牌情感。

3）强化品牌形象

好的短视频自带传播性，如何创造这种病毒性的传播节奏，是内容生产者和品牌共同关注的重点。酒店商家可以利用"系列"短视频的创作，并通过合理的节奏使品牌在观众脑中持续产生印象感，加深好感度，强化品牌形象。

4）多元化营销

酒店商家品牌的网络营销手段，并不是单一地利用短视频营销，酒店商家要以满足消费者的媒体习惯的"短视频+新媒体营销""短视频+直播营销""短视频+线下活动"等多元化形式做网络营销。

2. 短视频营销合作模式

酒店商家在进行短视频营销时，通常有三种合作模式。

1）和网红合作

与网红合作通常适用于有明确营销需求和合作对象目标的酒店商家，并且希望和目标网红在短视频内容合作的基础上展开更加深度多元的合作，如品牌代言、线下活动站台等。

这种合作模式的优点是：在沟通上更加顺畅，使内容创作者更清晰地理解品牌方需求；能够和网红开展更加多元化的深度合作。缺点是：酒店商家的资源和精力有限，难以直接找到合适的合作网红；合作不稳定，价格不透明。

2）和短视频机构合作

在酒店商家对自身营销需求不明确、对短视频网红了解程度较低时，可以选择通过和短视频机构对接，让其推荐合适的网红并提供创业策划等增值营销服务。

这种合作模式的优点是：能根据需求得到更好的网红推荐建议；能提供创业策划等增值服务。缺点是：短视频机构本身规模和资源参差不齐，仍然需花费精力辨别；短视频机构参与服务和分成，使得合作价格更高。

3）和平台方合作

酒店商家可以直接在平台上进行硬广投放，也可以通过平台寻找适合的目标合作网红。

这种合作模式的优点是：资源十分丰富，并且有平台数据支持网红选择；联动性强，可调动平台其他广告位和内容资源扩大营销效果；规范专业，有平台作为中间方，在合作过程和资金交付上更加有保障。缺点是：平台参与分成使合作价格更高。

5.2.5 短视频运营案例

长隆度假区在抖音短视频平台上开通官方企业账号"欢乐长隆"。"欢乐长隆"是第一批入驻抖音企业号的品牌之一，其作品大多集中在分享园区欢乐瞬间。"欢乐长隆"主要是进行日常性持续传播品牌和活动信息，保持与消费者的日常互动和长效沟通，如图 5-28 所示。

图 5-28　长隆抖音企业号主页和历史短视频页面

1. 营销策略

1）保持每天发布抖音作品，传播度假区的各个景点、游戏设施等，加深用户对长隆园区的熟悉度。比如海洋王国的海洋保卫战、水上乐园的电音秀、马戏表演等，均以园区的实景作为内容题材。

2）定期发起挑战赛等活动，邀请用户参与互动，引发用户对长隆度假区的兴趣。比如发起挑战赛引导用户参与互动给予门票奖励，每周五发布玩偶定格动画并抽取评论区粉丝奖励视频中玩偶，实现评论互动高于日常 3 倍的效果。

2. 营销效果

截至 2021 年 11 月底，"欢乐长隆"企业号积累粉丝超 87 万名，获赞近 680 万个，其中关注度、互动率最高的作品播放量超过 6 000 万次，点赞量 160 余万个，转发近 10 万次。

5.2.6 抖音运营

1. 企业认证

开通企业认证的企业类抖音账号有"蓝 V"认证标识。企业认证的抖音账号可以获得官方认证标识，并使用官方身份，通过视频、图片等多种形态完成内容营销闭环。在开通企业账号后，将获得官方认证标识、自定义主页头图、链接跳转、视频主页置顶、60 秒长视频等多款营销及内容创作工具。

1）申请认证

（1）如何申请抖音认证？

如使用现有抖音账号申请企业认证，意味着抖音账号将变为企业身份，发布的短视频及其他互动内容均体现企业行为，所以需确保账号信息（头像、用户名、签名）符合企业认证信息。为了避免误将个人抖音账号认证为企业账号，也可以注册一个全新的抖音账号用于企业认证。登录抖音官方网站（www.douyin.com），点击认证申请，跳转至相应页面即可申请认证。

（2）申请抖音企业认证，需要满足哪些条件？

①已拥有抖音账号，且账号信息（头像、用户名、签名）符合企业认证信息。

②提交账号信息对应的企业主体营业执照彩色扫描件。

③提交认证公函、加盖公章的彩色扫描件。

④网站 ICP 备案查询截图、商标注册证扫描件、软件著作权证扫描件、其他品牌授权文件扫描件。

（3）企业认证资质审核有哪些标准？

抖音企业认证服务已上线，企业主用户可以前往抖音官方网站直接申请，已经开通头条企业认证的用户也可通过账号关联的方式快速获取抖音认证。

受平台形式和用户群体不同的影响，抖音企业认证和头条企业认证的审核标准略有不同，有认证需求的企业主需按要求提交审核资料。

申请认证前务必认真阅读《企业认证审核标准》，特别是不支持认

扩展阅读
5.10 抖音号《企业认证审核标准》

案例分析

证的行业，勿提交认证申请。如有不支持认证的行业提交申请或提交的资质存在无效、不实等情形以及申请认证的账号信息不符合平台要求，将作认证失败或不予通过处理，认证失败或不予通过的不退还审核服务费用。

（4）申请认证后多久通过？

按要求提交认证资质后，审核机构将在2个工作日内完成审核。若审核通过，将在2个工作日内开通认证；若审核未通过，按工作人员提示修改或重新提交资料，如3次提供不实资料或在30天内未能提供准确的资料，则本次认证失败，只能在30天后重新提交申请。

（5）企业认证有效期是多久？

抖音企业认证所开放的各项高级功能都依赖于认证资质结果，1年后企业资质证件、相关运营人信息可能出现变更。为了保证使用抖音平台高级功能权限的账号依然是合法可信的企业或组织，抖音企业认证有效期定为1年。到期后如需继续使用高级功能，需要再次申请认证。

2）认证收费

抖音企业认证引入第三方专业审核机构审核账号主体资质的真实性、合法性、有效性。申请企业认证每次需支付600元的审核服务费用，这是基于认证审核服务而支付的一次性费用。无论认证成功或失败，抖音都需要委托第三方提供认证审核服务，因此每次申请认证的企业都需要支付审核服务费用。如已经开通了头条企业认证，可以通过账号关联的方式将账号认证信息同步至抖音。可以在登录抖音时，使用头条账号作为登录方式，并绑定手机，勿使用其他登录方式登录抖音，否则将影响未来的账号同步。同时需确保在头条、抖音两个平台的账号信息（头像、用户名、介绍）均保持一致，且符合认证信息。

2. 视频电商

1）商品分享

商品分享功能是指可以在自己的视频和主页里分享商品的功能。开通此功能后，主页会增加"商品橱窗"入口，可以在橱窗里添加要分享的商品，如图5-29左图所示；如果在发布视频的时候添加了分享的商品，则视频左侧和视频评论区顶部会有"购物车"标识，如图5-29右图所示。对分享的商品感兴趣的用户可以通过"商品橱窗"和"购物车"来了解商品的详情并购买。

图 5-29 抖音商品橱窗

（1）申请开通商品分享功能的条件。

①发布视频数不少于 10 个。

②通过实名认证。

（2）开通商品分享功能可以带来的权益。

①拥有个人主页电商橱窗。

②可以为发布的视频添加商品并售卖。

③可以在直播间中添加商品并售卖。

④拥有 dou+（视频流量推广）功能，可以将发布的视频推广给更多的人。

（3）开通商品分享功能的步骤。

依次打开手机抖音 APP 的"我""设置""商品分享功能""立即申请""阅读协议""开通电商功能"，如图 5-30 所示。

（4）添加商品的流程。

依次打开商品橱窗首页页面的"电商工具箱""商品橱窗管理""添加商品"，如图 5-31 所示。

项目五　酒店新媒体营销

图 5-30　开通抖音电商功能

图 5-31　抖音电商工具箱

浏览抖音商品，预览商品信息并进行添加，如图 5-32 所示。

211

图 5-32 抖音添加商品

点击商品右下角的"添加"按钮后，根据提示填写商品编辑信息，填写商品短标题、选择商品类型、添加商品标签。

①商品短标题，不超过 10 个汉字。

②商品类型有默认、上新和推荐，商品橱窗最多只能有 3 个上新商品，最多只能有一个推荐商品并且必须绑定视频，其他的商品为默认类型。

③添加商品标签，标签文字最多 6 个字，可以添加多个标签。

点击"完成编辑"，商品即可在商品橱窗里展示。

（5）视频分享商品功能。

新申请开通商品分享功能的抖音号，需要在 10 天内完成新手任务，即在 10 天内至少添加 10 件商品。完成新手任务后，才能在视频中分享商品。

在发布视频时点击"添加商品"，找到要分享的商品，点击"添加"，如图 5-33 所示。

发布视频后，可以在视频中看到发布的视频左下方有购物车标志和商品短标题，在抖音账号的商品橱窗里，也可以看到商品推荐的视频在所有商品最上面，如图 5-34 所示。

项目五 酒店新媒体营销

图 5-33 抖音发布视频——添加商品

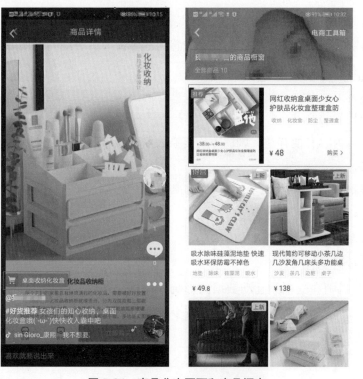

图 5-34 商品分享页面和商品橱窗

213

2）抖音小店

（1）开通抖音小店的要求（以下条件满足其一即可开通）。

①抖音账号粉丝在 30 万名以上。

②资质齐全，有淘宝、天猫或京东第三方平台的店铺。

（2）申请抖音小店的步骤。

用电脑打开商家入驻网址 fxg.jinritemai.com，依次点击"商家入驻""抖音账号登录"。

扩展阅读
5.11 抖音小店商家入驻
案例分析

3. 长视频

抖音粉丝超过 1 000 名的用户即可开通长视频权限。

（1）若收到权限开启的通知，请升级至最新版本并重启抖音后进行拍摄。

（2）若满足要求未收到通知或收到通知后无法拍摄长视频，点击"未解决"，在下方的意见反馈入口详细描述问题。

4. 抖音推荐

1）内容被推荐的要求

（1）画质清晰、构图合理舒适（人物位置恰到好处，非半脸）。

（2）光线、灯光良好。

（3）背景干净整洁，凸显主体。

（4）内容看点足，表达比较完整（情感、故事情节、表演的渲染力）。

（5）创意独特。

（6）拍摄手法流畅，并且音乐节奏协调。

2）爆款视频的要求

（1）视频内容有梗有趣，剧情不用复杂，有梗就容易火。标题文案走互动风（引导用户评论）。

（2）保持一定的活跃度，定期更新视频。

（3）选择动感的热门音乐进行演绎。

（4）多参加官方挑战活动。

3）播放数据少的因素

由于推荐机制会受视频互动数据的影响（点赞、评论、分享、播放完成率），阅读量等数据在入驻初期会受制于粉丝量较少，建议持续发布优质的原创内容，提高曝光率，吸引更多的用户互动和关注。

任务 5.3 直播营销

直播营销是指在现场随着事件的发生，制作和播出节目的营销方式，该营销活动以直播平台为载体，达到提升品牌或增长销量的目的。网络直播是可以同一时间通过网络系统在不同的交流平台观看直播，是一种新兴的网络社交方式，网络直播平台也成了一种崭新的社交媒体。其主要分为实时直播游戏、电影或电视剧，介绍产品知识及销售产品等。直播营销是年轻人利用碎片化时间刷视频的同时，借助网红的知识营销，从而实现了销售的过程；有利于潜在消费者自主了解产品的特性、质量、用途等；有利于消费者远程挑选商品。酒店可以利用网络直播营销实现直销，可以避开对第三方平台的依赖，直接面对潜在客户宣传酒店的品牌价值、服务理念、促销推广活动。

酒店商家如能利用直播带动品牌、产品和服务的宣传，可以起画龙点睛的作用。利用直播宣传酒店，转而在官网、公众号或电商平台实现购买，使得酒店商家可以完成订单转化的闭环。

5.3.1 淘宝直播

淘宝直播是一款无线互动工具，以视频方式引领品质消费，通过粉丝打赏、关注及红包等多种互动模式，让消费过程充满趣味性。淘宝直播的内容已覆盖服饰、美妆、运动、母婴、美食、二次元、数码等各个领域。据淘宝直播数据显示，2021 年的"双十一"预售期于 10 月 20 日晚 8 点开启，截至 2021 年 10 月 26 日 24 点，淘宝直播已经诞生了 165 个成交额超千万元的直播间，其中商家直播间占比近九成。许多品牌都建立了规模庞大的直播团队，直播间已经成为品牌营销的重要据点。

1. 开通要求

淘宝直播申请开通没有绿色通道且不存在任何收费行为，按规范要求提交开通申请即可。

个人或商家主播必须要有一个绑定了支付宝实名认证的淘宝账号，并且已经注册成为达人。

2. 开通直播

用手机打开淘宝 APP，点击"淘宝直播"模块，点击右上角信息，打开"功能直达"窗口，点击"主播入驻"按钮，如图 5-35 所示。

图 5-35　淘宝直播——主播入驻（一）

根据主播入驻页面提示，填写信息，提交申请，如图 5-36 所示。

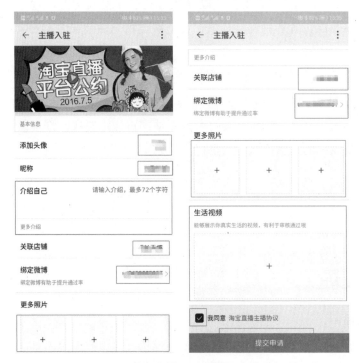

图 5-36　淘宝直播——主播入驻（二）

飞猪直播的开通可以通过"钉钉"搜索 mgjcv8，添加好友以协助开通。开通飞猪直播的要求：开通直播权限要做到每周至少 3 场直播，且每场不低于 1 小时。

3. 直播运营

开通淘宝直播后，如何做好直播呢？

做好内容策划。在一场正式的直播开始前一定要准备充分，做好内容策划。此外，在直播之前一段时间先发布直播预告。直播预告很重要，在发预告前仔细阅读发布预告的说明。

做好内容分享。因为新手主播在频道内是没有浮现的机会或者浮现概率会相对较小的，因此前期的内容积累全要靠主播自己，这时候内容分享就很重要。首先，可以将直播的预告分享在各个社交网站。其次，在正式开始直播前分享自己的直播间地址，只有更多的粉丝围观你的直播间才会真正转化成为自己的直播用户，并且带来属于自己的长久用户，同时也有利于获取在频道内浮现的机会。

扩展阅读
5.14 直播浮现权限规则
案例分析

做好引导。发起直播内容的时候一定要引导观众关注，同时要注意用高质量、有趣生动的内容吸引观众成为粉丝。直播是个强互动的工具，一定要注意和观众之间的互动。

做好内容同步。发起直播的时候，应自动同步微博，这样淘宝的粉丝会第一时间收到直播信息。同时，在直播过程中巧妙地应用给粉丝发消息的功能，也能够给直播间带来适当的观众。

扩展阅读
5.15 淘宝直播封面图规范
案例分析

1）直播预告

主播在每次直播开播前要发布直播预告。在直播预告中清晰描述主题和直播内容，可以让用户提前了解直播内容；便于淘宝挑选出好的直播内容，进行包装推广及直播广场浮现的操作；上传直播中要分享的商品可以帮助直播内容进行用户匹配，获得更精准的用户流量。审核通过的直播预告，可以出现在直播频道精彩报道；符合手淘首页要求的预告视频，还可能展现在手淘首页，对应的直播间默认展示在个性化频道精选的第一个。在直播频道中的直播的位置排名及获得浮现位置需要有一定的点赞数、观看人数、关注人数和直播频率，并且内容精彩程度等也会影响直播位置的排名。

扩展阅读
5.16 如何用美拍拍摄无水印横屏视频预告
案例分析

电脑端直播中控台和手机端淘宝直播主播版 APP 都可以发布预告。电脑端中控台地址为 http://liveplatform.taobao.com/live/addLive.htm?spm=a1z9u.8142865.0.0.WNqbUr#!/。

2）直播推送

主播在直播前，可以将直播信息推送给粉丝。在中控台或手机端都可以触发操作：电脑端直播中控台，点击"push 消息"；在手机端 APP，开启直播界面，点击"粉丝 push"。每个主播每个自然日只有一次发送消息的机会。

3）发布直播

（1）手机发布直播。打开手机淘宝直播 APP，点击屏幕右下角的"发布"按钮，即可发布直播。

填写直播信息：直播名字、封面图、直播标签、定位、开始时间（如果发布预告可以点击这里选择即将发布直播的时间），点击"创建直播"，进入直播间环境，根据界面调整展示角度、灯光，调整完毕后点击"正式开播"。

（2）电脑中控台发布直播。打开电脑中控台后台 https://liveplatform.taobao.com/live/addLive.htm，登录后，点击"发布直播"。

第一步，选择直播类型。选择竖屏直播间或横屏直播间，目前淘宝直播不支持横屏直播。

第二步，填写直播信息。包括直播开始时间（如果不是现在时间，就表示要发布一条直播预告）、直播标题、本场直播的内容简介、直播封面图、直播位置、内容标签。

建议直播前发直播预告，有助于前期积累关注量后再开启正式直播。

第三步，填写预告信息。包括预告视频、直播相关宝贝、直播内容展示位。

主播可以在直播内容展示位推荐商品或者店铺信息。勾选"展示"，填写展示信息，即可展示在预告详情页上。

第四步，确认信息。检查信息是否有误，确认后提交信息，5 秒后跳转至直播阶段的后台页面。

第五步，直播准备。在直播准备页面，可以填写补充直播用的说明图文，如商品的使用说明、直播中的优惠说明、直播亮点等。点击左上角"准备直播"，选择"通过设备推流"或"手机扫码推流"。

扩展阅读
5.17 淘宝直播平台管理规则

案 例 分 析

选择"设备推流"，把相应的地址复制在设备上，就可以开启直播；选择"手机扫码推流"，打开手机淘宝，扫描二维码，然后点击页面上的确认按钮，即可开启直播。结束直播时，点击页面左上角的"结束直播"按钮，即可结束直播。

4. 注意事项

1）直播前注意事项

（1）将手机设置为飞行模式或勿扰状态。

(2)检查网络是否畅通。

(3)直播封面图不要出现牛皮癣[①]。

2)直播时注意事项

(1)直播时屏蔽广告：主播账号点击发广告人的账号，点击"屏蔽"。

(2)直播时有电话接入：3分钟内可以在直播界面上选择返回直播间；

(3)直播时网络卡顿：手机电量过低，不能边充电边直播，可以提前准备备用手机，如出现卡顿但还没有断开，可以退出手机淘宝进程，重新打开进入，恢复该直播，可解决卡顿问题。

(4)直播时修改商品链接：淘宝直播视频是实时发送的，不支持商品链接的修改。

3)直播后注意事项

(1)换主播：淘宝直播禁止换人主播或账号外借，认证的主播本人必须经常出面，不得出现借用、经常更换认证主播的情况，特殊情况如品牌代言人、明星、大咖来直播间，需要提前与客服沟通说明，避免封号。

(2)查看直播回放：打开手机淘宝APP，进入淘宝直播模块，在个人主页中可以查看往期直播记录。

(3)删除直播回放：打开手机淘宝APP，进入淘宝直播模块，点击右上角，进入个人主页，勾选想删除的视频，点击"删除"即可。

5. 合作直播

酒店商家（天猫、飞猪）除了自己运营进行直播外，还可以通过阿里V任务找到指定的达人或机构进行合作。

1)发布V任务

使用店铺绑定的运营号登录v.taobao.com后，可通过以下三种方式发布V任务。

扩展阅读
5.18 阿里V任务的运营号是什么，如何绑定/解绑？

案 例 分 析

(1)通过找创作者或机构发布任务（推荐使用）。

(2)通过官方任务报名发布。

(3)把任务指定达人或发布在商家广场。

2)挑选服务方

在阿里V任务中，商家可以像在淘宝购买宝贝一样，挑选服务方进行合作。

(1)务必使用店铺绑定的运营号进行操作，在报价详情页点击"立即合作"，就可以进入填写具体合作需求的页面。

---

① "牛皮癣"为电商领域使用的词汇。电商的图片牛皮癣是指图片被文字或者图形、色块等覆盖。

（2）在需求页面可以向合作的达人或机构表达自己合作的具体细节，方便服务方理解。

（3）当通过运营号成功对一个报价支付之后，接下来整个合作的流程都可以在V任务后台进行查看。整个流程包括任务接单、任务交付、确认完成和评价。

3）与服务方合作

酒店商家与服务方合作的流程是寻找合作服务方、选择合作方案、下单、填写需求、收货、付款和评价，如图5-37所示。

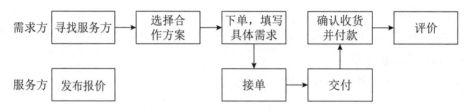

图 5-37　与服务方合作直播流程

第一步，寻找合作服务方。

打开"阿里V任务"首页，酒店商家可以通过搜索达人关键词寻找服务方快速定位服务类型，如图5-38所示。目前阿里V任务支持短视频服务、直播服务和图文服务三大类型，共计14种内容服务类型。

图 5-38　"阿里V任务"首页

酒店商家也可以在"直播服务"板块查看主播服务，通常这里会直接推荐与商家领域符合的、在V任务表现比较优秀的主播。酒店商家找到想合作的达人或机构后，点击达人或机构的图标，查看达人或机构主页。在达人或机构主页可以查看其综合服务能力、粉丝数量、互动数据、接单效果数据等，也可以用手机淘宝或飞猪，进入直播板块，找到该达人或机构，查看往期直播列表，可以点击查看回放。

第二步，选择合作方案。

在达人或机构的主页，点击该达人或机构已经发布的报价，可以查看对应报价的详细信息。在报价详情页内，可以看到该服务所包含的所有具体方案。酒店商家可以点击达人或机构卡片下方的"合作咨询"按钮，通过旺旺与达人或机构实时互动咨询。

第三步，填写合作需求。

在报价详情页点击"立即合作"后，进入填写具体合作需求的页面。在这个页面酒店商家可以向合作的达人或机构表达自己合作的具体细节，方便服务方理解。全部填写完毕之后，点击"立即合作"按钮即可下单支付。

第四步，后台管理。

当酒店商家成功支付一个报价之后，接下来整个合作的流程都可以在阿里 V 任务后台进行查看。

5.3.2 抖音直播

1. 视频直播

抖音直播权限的开通是免费的。早期的抖音只要有基础粉丝，抖音平台就自动开通视频直播权限。目前，抖音平台为了方便管理达人，招募短视频机构在抖音上创建公会来管理抖音达人。抖音达人开通直播首先需要加入某一个公会。

扩展阅读 5.19 抖音视频直播开通步骤

2. 直播电商

抖音直播电商是指主播在直播间中添加商品。在直播互动中可以向观众推荐商品从而实现转化。

抖音直播电商的开通不支持用户主动解锁，若抖音已解锁视频电商，且当粉丝量不少于 3 000 名，抖音系统会自动开通直播电商功能。

3. 直播运营

酒店商家直播运营的目的就是找到用户的痛点、用户的痒点及用户的兴奋点。通常，酒店商家的产品是客房、餐饮、会议，但实质上，对于用户来讲，酒店商家的产品及服务还包括品牌、位置、环境、氛围、设施、态度、服务、价格、形象和独特性等。

扩展阅读 5.20 抖音公会主播入会、转会和退会政策

1）用户的痛点

用户的痛点往往是那些为用户体验带来负面情绪的因素。通过直播运营，找到用户的痛点，也就是找到用户对酒店不满意的因素。酒店商家的直播运营，正是通过直播方式了解用户的需求，以便更好地满足客户的需求。

酒店商家首先要找到用户的痛点，找到酒店商家自身存在的产品及服务管理的问题。从而通过商家的直播，为客户展示酒店解决了哪些用户的痛点。酒店商家的用户常见的痛点如态度和服务。酒店商家解决用户的痛点，有利于树立品牌形象。

2）用户的痒点

用户的痒点是用户期望要达到的某种目的，也就是说，酒店商家要知道用户对这个直播有什么样的期待，用户为什么要观看这个直播。酒店商家在运营直播账户前，首先要为自己的账号如何直播、直播的内容及运营的方式作定位。

酒店商家满足了用户的痒点，有助于实现订单的转化。常见的用户痒点如价格、位置、环境、氛围、设施等。

3）用户的兴奋点

常见的用户的兴奋点如品牌、形象、独特性等。酒店商家满足了用户的兴奋点有助于提升客户体验、提高品牌忠诚度和品牌认可度。

任务 5.4 其他自媒体营销

除了以上讲到的微信营销、视频营销和直播营销外，新媒体营销还有很多其他方式，如博客、微博、网络杂志等。

5.4.1 微博营销

微博营销是通过微博平台为商家、个人等创造价值而执行的一种营销方式，也是指商家或个人通过微博平台发现并满足用户的各类需求的商业行为方式。微博营销以微博作为营销平台，每一个粉丝都是潜在的营销对象，企业更新自己的微博内容向网友传播企业信息、产品信息，树立良好的企业形象和产品形象。企业通过更新内容与粉丝交流互动，或者发布粉丝感兴趣的话题来达到营销的目的。

微博营销方式注重价值的传递、内容的互动、系统的布局、准确的定位，微博的火热发展也使得其营销效果尤为显著。微博营销涉及的范围包括认证、有效粉丝、朋友、话题、名博、开放平台、整体运营等。在 2012 年 12 月,新浪微博推出企业服务商平台,为企业在微博上进行营销提供一定帮助。在微信营销出现前,微博营销是国内外最火的新媒体营销方式。

可以注册并运营的微博有新浪微博、腾讯微博等。本部分将以新浪微博的运营来介绍微博运营方法。

1. 微博会员

微博会员是新浪微博通过付费方式提供更多服务,通过成长值对应不同会员等级,从而享受相对应特权及会员专属活动。年费会员是指按年支付方式开通的微博会员,年费会员拥有更多特权。

1)会员等级

微博会员成长共 7 个等级,见表 5-1。

表 5-1 微博会员等级成长值对应

会员等级	VIP1	VIP2	VIP3	VIP4	VIP5	VIP6	VIP7
成长值(点)	0	600	1 800	3 600	6 000	10 000	24 000

微博会员成长值 = 基础成长值 + 奖励成长值。

基础成长值:会员 10 点 / 天,年费会员 15 点 / 天。

奖励成长值:每开通 1 年会员可获得 200 点成长值奖励。

年费会员尊享每天 15 点成长速度,一次性开通一年可获得 200 点成长值奖励。

扩展阅读 5.22 微博会员特权 案例分析

2)会员特权

开通微博会员可享受装扮、身份、功能、手机四大类共 35 项特权服务。

2. 微博认证

1)微博认证优势

进行微博认证的好处包括以下几个方面。

(1)独有认证标识。让用户可以第一时间识别微博博主身份。

(2)个人认证终身免费。微博个人认证是终身免费的服务。

(3)专享多种特权。认证微博可以专享微博会员、粉丝头条专属折扣及搜索优先推荐等特权。

(4)个性服务。认证微博可以获得粉丝服务平台、管理中心等认

扩展阅读 5.23 微博认证 案例分析

证用户专属功能。

2）微博认证体系

微博认证有个人认证、机构认证和代理认证。

3. 微博运营

1）发布数量

周一至周五平均每天至少发布 1 条微博数量，周末发布 2～3 条为佳。

2）发布时间

周一至周五最好的发布时间是在 20:00 以后，可以发布与行业相关的咨询，也可以在 6 点左右发布企业当日促销活动。周末可以在早中晚各发布一条。

3）发布内容

一般可以发布正能量、新闻资讯、温馨提示、行业资讯、行业干货、蹭热点、活动发布等。

4）粉丝建设

主动关注相关的用户，若有潜在用户关注，要主动与粉丝互动。

可以定期与粉丝们作互动，提升粉丝活跃度及黏性。还可以加入社群进行微博互相关注，或者微博搜索互粉帖进行粉丝关注工作。

5）对外推广

对外推广包括付费广告推广、线上广告投放、网红互相投放、合适论坛网站投放广告等，以及在公司官网内嵌入微博按钮。

6）活动推广

有奖转发、有奖征集、有奖竞猜、有奖调查等活动，可以提升粉丝关注度以及黏性。

7）活动策划

活动分为新浪微博内部活动和企业外部策划活动。

在发布活动的时候需要注意：标题的撰写、奖品的选择以及中奖率的问题。

8）活动开展

活动开展的步骤包括以下几点。

（1）确定活动主题：主题鲜明、吸引人。

（2）撰写活动方案：活动规则要简单，门槛不要过高。

（3）活动发布和维护，跟踪活动效果，及时与粉丝互动维护效果：活动发布时间可以选择 9:00—10:00 或 18:00 以后，活动中要及时与粉丝互动。

（4）公布活动结果，筹备发奖事宜：奖品要与公司业务关联。

（5）活动结束后进行数据分析。

9）数据分析

（1）每天每条微博数据统计，也可以每周统计1次，包括不仅限于微博点赞、阅读数以及评论和转发数。

（2）举办的活动结束后要及时总结本次活动相关数据，对本次活动作总结以及复盘，查找出本次活动的优势与劣势。

10）推广预算

整理制定出下个月或下次活动推广所需要的预算。

5.4.2　今日头条营销

1. 平台介绍

今日头条（www.toutiao.com）由张一鸣于2012年3月创建，是北京字节跳动科技有限公司开发的一款基于数据挖掘，为用户推荐信息，提供连接人与信息的服务的产品。2016年9月20日，今日头条投资10亿元用以补贴短视频创作，后独立孵化UGC短视频平台火山小视频。目前，今日头条产品有问答、头条号、图虫、图库和广告投放。

今日头条用户可以在平台上发布文章，通过图、文、视频等展示信息。

同大多新媒体平台一样，发布酒店分享文章的头条用户可以是普通的旅游者，也可以是酒店，或者是网红达人。

2. 频道设置

新用户下载并登录今日头条后，可以在"我的频道"导航栏最右侧点击"三"，打开频道设置页面，在"频道推荐"中，点击自己感兴趣的话题前面的"+"号，将这个话题关键词加入"我的频道"中，如图5-39所示。在"我的频道"中，可以点击话题关键词右上角的"×"号将该话题从"我的频道"中移出，也可以通过移动调整话题的排序。

3. 广告种类

打开今日头条APP，广告会以原生方式出现在资讯信息流中，能够精准实现广告投放，让广告更好地触达目标客户。

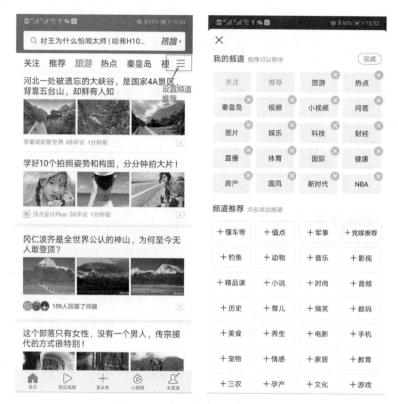

图 5-39 今日头条——频道设置

头条广告投放展示的类型有以下几种。

1）今日头条开屏广告

广告在今日头条 APP 启动时进行展示，黄金曝光点位，霸屏展现，强视觉冲击，可支持分时间段展示广告素材和落地页，满足客户个性化推广需求。今日头条开屏广告可以提升品牌权威性。

2）今日头条信息流广告

今日头条资讯信息流中穿插展现的原生广告形式，契合个性化阅读体验，自然融入阅读过程，广告即是内容，支持多种广告样式。

3）今日头条详情页广告

文章或视频详情页中展现的广告形式，支持小图、大图、组图、视频等多种广告样式。

4）今日头条搜索品牌专区广告

广告将展示在今日头条搜索结果页首位，黄金首屏位置呈现品牌关键信息，有利于提升品牌形象，有效获取转化。

4. 广告投放

酒店商家想在今日头条做广告，可以通过以下三种方式。

1）手机投放

用手机 APP 在线提交广告投放需求。打开手机今日头条 APP，登录后点击"广告投放"，再点击"立即预约咨询"或"电话咨询"或"预约体验"，填写信息，提交即可，如图 5-40 所示。

图 5-40　今日头条——手机端广告投放

2）电脑端投放

用电脑打开广告投放网页，填写信息。广告投放页面地址为 https://www.oceanengine.com/resource/toutiao。

5.4.3　知乎营销

知乎是网络问答社区，连接各行各业的用户。用户分享彼此的知识、经验和见解，为其他用户分享信息。

扩展阅读
5.25 知乎文章案例分析

1. 知乎文章展现

知乎文章在用户手机上展现可以通过主动设置标签来推送，也可以通过搜索关键词找到相关文章，如图 5-41 所示。

图 5-41　知乎——文章展现

2. 知乎问答营销

知乎平台最主要的特点是问答。用户可以提问，也可以回答。早期知乎是由一群精英人士提出问题、解答问题，然后发布在网络上，吸引了很多人参与问答。

酒店商家可以借助知乎等平台做问答营销。

四、小试牛刀

1. 搜索至少三家酒店或客栈微信公众号、抖音账号、微博账号，进行调研。
2. 注册微信公众号，创建图文素材并群发、完成菜单及自动回复设置。
3. 注册抖音账号，发布小视频，开通视频电商商品分享功能。
4. 注册微博、今日头条、知乎账号并发布文章。

本部分参考内容请扫描扩展阅读 5.26 二维码阅读。

网络营销案例篇

项目六　酒店业网络营销案例

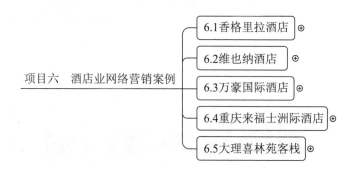

案例 6.1　香格里拉酒店

香格里拉酒店集团从 1971 年新加坡第一间香格里拉酒店开始，便不断向国际化迈进。以香港为大本营，今日香格里拉在无数公众和业内的投选中，均获得一致的美誉。该酒店集团目前拥有或管理超过 100 家酒店及度假酒店共 40 000 多间客房，范围覆盖亚太、北美、中东和欧洲等地区。

香格里拉酒店集团的品牌有香格里拉大酒店、香格里拉度假酒店、盛贸饭店、嘉里酒店和今旅酒店 Hotel Jen。香格里拉大酒店定位为豪华酒店，分布于亚太、北美、中东和欧洲等地区的主要城市；香格里拉度假酒店为游客和家庭提供假日体验，分布于具有吸引力的度假胜地；盛贸饭店体现亚洲待客之道的周到简约与真诚热情，彰显生动活力与专业精神，为宾客带来工作、放松或休闲体验；嘉里酒店为宾客提供个性化服务，每一家嘉里酒店都个性鲜明；今旅酒店 Hotel Jen 遍布亚洲各主要城市，是一家多元化、快速增长的中档连锁酒店，其用真实的信息、本土的体验和精彩的探索，带领宾客沉浸其中。

香格里拉集团的俱乐部有深湾游艇俱乐部和西里高尔夫乡村俱乐部。深湾游艇俱乐部成立于 1984 年，是一家风格独特的私人团体，会员及其家属可以享受超凡的设施、餐厅及卓越的服务；西丽高尔夫乡村俱乐部坐落于风景秀丽的深圳南山区市郊，让宾客在自然风光之中尽情挥杆。

通过调研，对香格里拉集团的网络营销手段整理有如下几个方面。

6.1.1 自建网站及网站优化、网站推广

1. 自建官网

香格里拉酒店集团的官网地址为 www.shangri-la.com，中文网站如图 6-1（电脑端）和图 6-2（移动端）所示。通过建立官方网站，对网站进行建设、宣传推广吸引新客户，促成老客户直接在线预订。

图 6-1　香格里拉酒店集团官网（电脑端）

图 6-2　香格里拉酒店集团官网（移动端）

1）网站结构

网站采用了扁平式逻辑结构，有利于搜索引擎抓取；建立了友好的链接结构，描述简洁明了，符合用户心理。

2）网站功能

利用网络资源宣传，陈列酒店功能信息，让顾客通过官网了解自己的优惠政策，同时宣传网站的形象广告、推广产品和企业品牌，提高知名度、信用度、安全度，降低推广成本。

3）网站服务

网站为顾客提供预订、优惠政策咨询、最新资讯等服务。

4）网站内容

网站有酒店类型、酒店优惠、酒店产品、贵宾会员制度等内容。

2. 搜索引擎优化

1）网站基本信息

通过站长工具对 shangri-la.com 网站的搜索引擎优化综合查询，结果如图 6-3 所示。

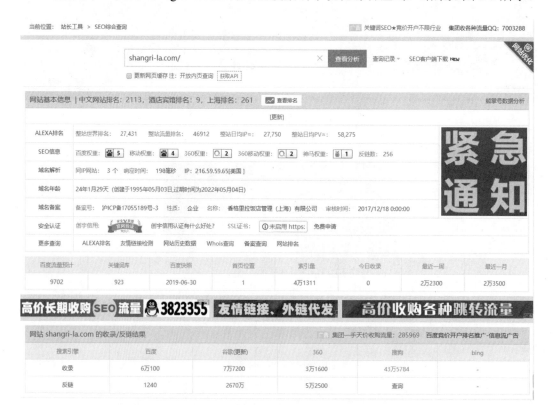

图 6-3　香格里拉酒店集团官网搜索引擎优化综合查询

2）TDK 设置

在百度上搜索"香格里拉"和"香格里拉酒店",查看官网的搜索引擎快照,如图6-4和图6-5所示。

图6-4 香格里拉酒店集团官网搜索引擎快照(一)

图6-5 香格里拉酒店集团官网搜索引擎快照(二)

通过搜索引擎优化综合查询,香格里拉酒店集团的官网的 TDK 设置如图6-6所示。

图 6-6　香格里拉酒店集团官网 TDK 设置

6.1.2　官方微信公众平台推广

通过微信搜索"香格里拉酒店",可以搜到很多相关文章,如图 6-7 所示。

图 6-7　微信搜索"香格里拉酒店"

1. 公众号基本设置

香格里拉酒店集团的微信公众号是服务号,已通过微信认证,如图6-8所示。

图6-8　香格里拉酒店集团微信公众号

该公众号有香格里拉、客房预订、餐饮零售3个主菜单。香格里拉主菜单有"APP下载""会员权益""我的账户"三个子菜单;客房预订主菜单有"即刻预订""会员福利""夏日专享"三个子菜单;餐饮零售主菜单有"浪漫婚宴""夏日饮品""美味烤鸭"三个子菜单。

2. 公众号图文推送

微信公众号里面推送的文章,内容大部分是图文消息,图片可以看出酒店的大致情况,还有一些酒店附带的风景或活动,文章也把活动或是酒店条件写得非常仔细,使读者有很满意的观赏感受还会激发人们想去的冲动。

3. 小程序商城

通过客房预订菜单,可以转到香格里拉酒店的小程序商城。通过选择目的地城市定位、入住日期、退房日期、房间数量和成人及儿童数量,查找并预订酒店,如图6-9所示。

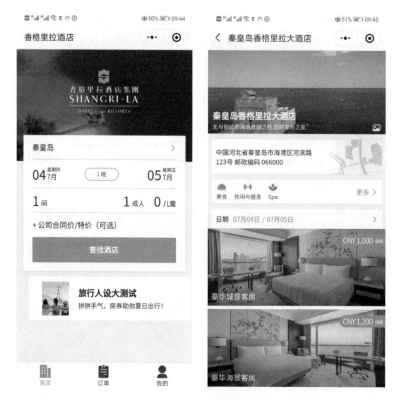

图 6-9　香格里拉酒店客房预订小程序商城

4. 其他营销手段

香格里拉酒店集团除了在微信公众号推送优惠信息、活动信息外，也在菜单里设置各种活动及优惠的图文或外链跳转。

6.1.3　微博营销

新浪微博"香格里拉酒店集团"是经过微博官方认证的官方微博账号，粉丝有 27.4 万，如图 6-10 所示。

微博每个月的发文量不少于 15 篇，一般是发布官方公告或推荐各地区的酒店，而且每次的微博内容都会有自己的专题，如"香伴旅行""香味日记""香味佳肴"等。除此之外，每年还会出现一些新的专题，并会在相应的发文结尾处添加网页链接，为了使感兴趣的人直接进入网页了解，还密切关注相关活动并且及时宣传，如图 6-11 所示。

项目六　酒店业网络营销案例

图 6-10　香格里拉酒店集团官方微博

图 6-11　香格里拉酒店集团官方微博部分文章

除此之外，各城市香格里拉酒店也大多有各自的官方微博，并通过微博认证。例如，上海静安香格里拉大酒店粉丝 140 万，宁波香格里拉大酒店粉丝 10.8 万，广州香格里拉大酒店粉丝 7.8 万，青岛香格里拉大酒店粉丝 5.5 万，主要推送当地香格里拉酒店的官方通知及优惠活动，如图 6-12 所示。

图 6-12　其他城市香格里拉酒店官方微博

6.1.4　OTA 平台推广

香格里拉酒店在各 OTA 平台上都发布了房源信息。发布的内容特色突出、主题鲜明，让浏览者看后在脑中留下深刻印象。在描述时使用避免过于空洞的语言，如"极其高端""奢华非凡"等辞藻，用可视化的语言为客人描述一幅仿佛亲临酒店现场的"景观"。此外，信息量准确、充分，如酒店到各个景点、交通枢纽的距离，不仅提供公里数，还尽可能有交通方式，以及所需的时间，为客户留下良好的住宿体验。

各城市香格里拉大酒店在 OTA 上的价格策略是线上线下价格一致，避免客户流失。酒店在不同季节、不同宴会对不同房型、价位作出优惠调整。

6.1.5 其他推广

由于香格里拉大酒店的定位和知名度，酒店在论坛、攻略以及网络广告方面的投入较少。

部分城市香格里拉大酒店有抖音账号，大多未作官方认证、粉丝较少，并且不经常发布酒店相关视频，如图 6-13 所示。

图 6-13　香格里拉大酒店抖音账号

案例 6.2　维也纳酒店

维也纳酒店有限公司创始于 1993 年，是中国中档商务连锁酒店知名企业，形成了"舒适典雅、健康美食、豪华品质、安全环保、音乐艺术、健康助眠"六项品牌价值体系。2016 年，锦江股份战略投资维也纳酒店有限公司，使维也纳酒店有限公司成为全球前三强酒店集团。维也纳酒店的文化理念是：以创造客户价值为核心，致力于为客户提供足够好的产品，持续不断地改善酒店品质，让商旅人士更加称心愉悦，让礼仪之邦拥有令人尊敬的酒店管理品牌。

维也纳酒店集团旗下拥有维也纳国际酒店、维也纳酒店、维也纳 3 好酒店、维也纳智好酒店、维也纳皇家酒店和好眠国际酒店六大主力品牌，覆盖全国 326 个大中城市，运营 2 600 多家分店，超过 36 万间客房。维也纳国际酒店、维也纳皇家酒店和好眠国际酒店是中高端商务酒店品牌；维也纳酒店、维也纳智好酒店是中端酒店品牌；维也纳 3 好酒店是轻中端酒店品牌。

6.2.1 官方网站

维也纳酒店官网，网址是 www.wyn88.com，在百度上搜索"维也纳酒店"，可以看到维也纳酒店官网开通了百度推广，如图 6-14 所示。

图 6-14 维也纳酒店百度推广

维也纳酒店官网首页展示了维也纳酒店的品牌矩阵。

维也纳酒店官网的酒店预订页面并不直接提供预订功能，维也纳酒店提供了 APP 预订和微信预订两种方式，并在酒店预订页面提供了二维码，如图 6-15 所示。

图 6-15 维也纳酒店官网——酒店预订

6.2.2 官方微信

打开维也纳酒店官方微信公众号，可查看公众号最新推文及菜单，如图 6-16 所示。

图 6-16　维也纳酒店官方微信公众号——公众号信息和推送、菜单页面

点击维也纳酒店微信公众号菜单"预订"，进入维也纳酒店官方微信商城首页。选择酒店预订地点、入住时间、离店时间，如果需要，可输入搜索关键词，也可在关键词推荐页面选择品牌、商业区、地铁线、机场车站、行政区等推荐关键词，如图 6-17 所示。

点击"订酒店"，查看酒店搜索列表页面。在搜索页面列表中对比后，点击意向酒店，进入酒店预订页面，如图 6-18 所示。

在酒店预订页面，查看酒店信息，如酒店位置、评价、电话、房型及价格，选择酒店房型、价格，填写预订信息。填写房间数量、入住人姓名、电话、证件信息及预计到达时间，填写发票信息，点击"去支付"，即可完成酒店预订，如图 6-19 所示。

图 6-17　维也纳酒店官方微信公众号——官方微信商城预订页面首页

图 6-18　维也纳酒店官方微信公众号——官方微信商城酒店搜索页面

项目六　酒店业网络营销案例

图 6-19　维也纳酒店官方微信公众号——官方微信商城酒店预订页面

6.2.3　官方 APP

维也纳酒店 APP 首页可进行酒店预订，选择地点、入住时间、离店时间，可输入关键词，点击"搜索"，如图 6-20 所示。维也纳酒店会员实行会员制营销，可在"会员"页面开通锦江会员。

图 6-20　维也纳酒店官方 APP——酒店预订首页

案例 6.3　万豪国际酒店

万豪国际酒店集团公司（以下简称"万豪国际"）是全球性国际酒店管理公司，总部位于美国马里兰州贝塞斯达，遍布全球 130 个国家和地区，拥有超过 6 500 家酒店和 30 个品牌。

6.3.1　直播营销

万豪国际在飞猪平台上开通了官方旗舰店，在电脑端和手机端淘宝网搜索"万豪"，得到的结果如图 6-21 和图 6-22 所示。

项目六 酒店业网络营销案例

图 6-21 淘宝平台搜索万豪国际页面（电脑端）

图 6-22 淘宝平台搜索万豪国际页面（手机端）

在淘宝手机端右侧，点击"进店"，打开万豪国际飞猪平台首页，如图 6-23 左图所示，公告栏中显示近期直播的预告；点击直播预告公告，进入万豪国际飞猪直播平台首页，如图 6-23 右图所示，可看到近期直播预告列表，可点击"预约直播"进行预约。

图 6-23　万豪国际集团旗舰店飞猪平台首页和万豪全球游直播平台首页（直播预告）

如该账号正在直播，打开万豪国际飞猪平台首页后，可看到直播间卡片如图 6-24 左图所示；点击"立即观看"，进入"万豪全球游"直播间，如图 6-24 右图所示。

图 6-24　万豪国际集团旗舰店飞猪平台首页和万豪全球游直播平台首页（正在直播）

6.3.2 内容营销

关注万豪国际飞猪平台账号后,用户可通过淘宝 APP 依次点击"我的淘宝""订阅店铺""其他",在订阅列表中查到"万豪国际";点击"万豪国际",进入万豪国际内容营销账号首页,可查看内容营销推送图文,如图 6-25 所示。

图 6-25　万豪国际酒店飞猪平台订阅页面和内容营销平台首页

▶ 案例 6.4　重庆来福士洲际酒店

重庆来福士洲际酒店于 2006 年开业,是由洲际酒店管理集团管理的国际商务型酒店,位于重庆市中心的朝天门广场,距离重庆江北国际机场 21 公里。

扩展阅读 6.1
案例分析

6.4.1　搜索引擎营销

以百度为例,打开搜索引擎,搜索"重庆洲际酒店",在电脑端和移动端均可搜索到重庆来福士洲际酒店官方网站。点击搜索结果页面酒店网站链接,进入酒店官方网站，首页如图 6-26 所示。

图 6-26　重庆洲际酒店官方网站首页

点击右上角"现在预订"，展开酒店预订页面，如图 6-27 所示。选择入住时间、退房时间，点击"搜索"按钮，即可进行酒店房间预订。

图 6-27　重庆洲际酒店官方网站酒店预订页面

6.4.2　新媒体营销

在微信上搜索"重庆洲际酒店"，选择公众号，可以搜索到重庆来福士洲际酒店，关注之后可以查看公众号主体信息。重庆来福士洲际酒店公众号主体信息和公众号首页如图 6-28 所示。

项目六　酒店业网络营销案例

图 6-28　重庆来福士洲际酒店微信公众号主体信息和公众号前台首页

公众号首页下方有"酒店预订""食肆"和"个人中心"三个菜单，点击"酒店预订"，打开酒店预订小程序商城，如图 6-29 所示。

图 6-29　重庆来福士洲际酒店房间预订小程序页面

249

在酒店预订小程序商城，点击"选择房型"，浏览房型信息、价格等，可实现在线订房。

▶ 案例 6.5　大理喜林苑客栈

喜林苑客栈由美国林登夫妇创办于 2008 年，坐落于云南大理喜洲。林登夫妇修缮文化遗产建筑作为客栈。客栈定位于文化交流中心和精品酒店，是一个集精品酒店、体验式旅行、沉浸式教育项目、社区营造为一体的地域文化集合体。

喜林苑以酒店作为切入点和基地，开展一系列文化、教育、社区活动。一是提供深度体验旅行活动。喜林苑定制主题线路旅行项目，包括文化自然之旅、传统手工艺体验、摄影之旅、美食探索、茶和咖啡文化之旅、音乐之旅、高山徒步之旅等，带客人进入最真实动人的当地生活，感受自然风物与人文习俗。二是为青少年提供跨文化的沉浸式教育。喜林苑将当地建筑、风俗、宗教、手工艺、社区等不同资源转化为教育体验内容，吸引世界一流教育资源来到乡村，让世界看到一个丰富多元的中国。三是开展社区活动。喜林苑通过各种文化互动与人员交流，增加社区文化凝聚力，强调外来创意与本地文化的融合，推动当地文化不断更新。通过举办"游园会""人文摄影展""美食节""丰收节""驻地艺术家"等社区节日庆典与中外文化交流活动，激发社区活力，使传统风俗有了新的呈现形式，既增强了游客体验感，又强化了本地居民的文化自信。

6.5.1　官方网站

喜林苑官方网站为 www.linden-centre.com，其首页如图 6-30 所示。

点击喜林苑官方网站导航栏"酒店"，展示了喜林苑的酒店产品品牌矩阵，分别展示了大理沙溪、大理喜洲、苏州东山和教育营地，如图 6-31 所示。

点击酒店名称或图片，可进入每个酒店产品页面，查看酒店产品介绍页面。点击"立即预订"按钮，可选择客栈，查看客栈信息房型、价格等，点击"立即预订"，即可实现在线下单，如图 6-32 和图 6-33 所示。

图 6-30　喜林苑官方网站首页

图 6-31　喜林苑酒店品牌矩阵

图 6-32 喜林苑酒店信息展示页面

图 6-33 喜林苑酒店预订页面

6.5.2 官方微信

在微信上搜索"喜林苑"公众号，可查看公众号主体信息、公众号图文推送及公众号首页，如图 6-34 和图 6-35 所示。

图 6-34　喜林苑公众号搜索页面和关注页面

图 6-35　喜林苑公众号账号主体信息和前台首页页面

在喜林苑公众号首页，点击底部菜单"精品酒店"，可打开喜林苑精品酒店小程序商城；点击客栈卡片，可进入客栈详情页可查看客栈信息，如图6-36所示。

图6-36　喜林苑精品酒店首页和杨品相宅首页

在客栈详情页可查看房型及价格，点击"预订"按钮，可实现在线下单；此外，喜林苑精品酒店还提供全景查看客栈功能，如图6-37所示。

图6-37　喜林苑精品酒店房型选择页面和全景页面

6.5.3 猫途鹰

喜林苑致力于打造中国一流古迹遗产精品酒店。全球旅游咨询平台猫途鹰将喜林苑评为中国优质小型酒店。图 6-38 为喜林苑的猫途鹰平台预订页面。

图 6-38 猫途鹰喜林苑酒店预订页面

参考文献

[1] 刘昭晖. 网店经营与管理 [M]. 北京：中国经济出版社，2013.

[2] Andrew Wood. The hotel and resort marketing bible[M]. England: Createspace Independent Publishing Platform, 2017.

[3] Flackel, Andre. Hotel marketing: leitfaden Z[M]. Berlin: Diplomica Verlag Gmbh, 2013.

[4] Klaus Barth,Hans-Joachim Theis. Hotel marketing: strategien marketing-mix planing kontrolle[M]. Berlin: Gabler Verlag, 1998.

[5] 胡新桥. 酒店管理与经营全案 互联网思维创新酒店管理和运营模式 [M]. 北京：化学工业出版社，2019.

[6] 俞国红. 搜索引擎优化 [M]. 北京：北京理工大学出版社，2017.

[7] 月光博客. 网站创富：从搭建、管理到营利 [M]. 北京：人民邮电出版社，2016.

[8] 李勇. 互联网＋酒店：传统酒店的战略转型. 营销变革与管理重构 [M]. 北京：人民邮电出版社，2016.

[9] Waites, S and Stevens, J. Influence of social media posts on service performance[J]. Journal of Services Marketing, 2021(8).

[10] Catalan, S and Pina, JM. Understanding how customers engage with social tourism websites[J]. Journal of Hospitality and Tourism Technology, 2021. 12 (1): 141-154.

[11] Sadek, H. Social Media advertising influence on users'responses: egypt[J]. International Jouranl of Online Marketing, 2021, 11(1): 1-13.

[12] 刘艳娟. 基于微平台的经济型连锁酒店社交网络营销策略探讨 [J]. 商业经济研究，2017（8）：45-46.

[13] 刘呈艳. 基于自媒体的酒店营销策略研究 [J]. 新闻战线，2016（22）：111-112.

[14] 李裔辉. 社交媒体视角下的酒店营销管理探讨 [J]. 人民论坛，2015（33）：68-69.

[15] 徐桥猛. 以微博营销为例看新媒体时代酒店营销策略 [J]. 新闻战线，2015（9）：149-150.

本书中网站

[1] www.iresearch.cn

[2] baike.baidu.com

[3] www.ctrip.com

[4] www.qunar.com

[5] www.928383.com

[6] www.fliggy.com

[7] www.meituan.com

[8] www.tuniu.com

[9] www.ly.com

[10] www.airbnb.com

[11] www.mayi.com

[12] www.tujia.com

[13] www.mafengwo.cn

[14] www.xiaohongshu.com

[15] www.dianping.com

[16] www.tripadvisor

[17] www.qyer.com

[18] www.aliyun.com

[19] www.fkw.com

[20] seo.chinaz.com

[21] www.aizhan.com

[22] zhidao.baidu.com

[23] e.baidu.com

[24] mp.weixin.qq.com

[25] www.youzan.com

[26] www.weibo.com

[27] www.toutiao.com

[28] www.zhihu.com

[29] www.shangri-la.com

[30] www.wyn88.com

[31] www.ihg.com.cn

[32] www.linden-centre.com

后　记

　　本书的撰写得益于我近几年在网络营销方面的工作经验，我要感谢汤兵勇教授为本书作序，感谢我的老师刘文远教授、周荣辅教授，感谢亦师亦友的同事赵凤芝教授、包锋教授、李凤升教授、李弘副教授、丁梅生副教授、邹辉霞教授、刘伟教授、周月梅教授、毛羽副教授、李四海教授、丁大建教授、王瑞华教授、姚敏副教授、刘霖副教授、刘文颖副教授，正是多年来你们对我的悉心指导，才使得我有能力和勇气写出这本书。无论你们在哪里，我永远心存感激，感谢你们曾经对我的帮助！

　　感谢我的同事刘玉梅副教授、李博洋副教授，我的同学矫立国、王立平、丁浩、姜著、梁计、高倩、刘宝松、李雪珠、田苗、王利生、常跃，我的学生王丽莹（2006届电子商务专业）及她的商景科技团队，为本书的撰写提供了宝贵的资料，如果没有你们的帮助和支持，也许我无法正常完成本书的撰写，对你们的感激之情溢于言表。

　　感谢在本书撰写过程中，我的同事和向芬、张祖斌、赵建红、董敏、王嘉、王宁、刘静、刘红萍、郭文静、李荣香、吕晓昶、张政、张国华、王海英、李峰、王旭光、周红涛、孟祥斌、孙军、陆权丹、李晓芬、肖瑛、杨博雅、字卫、和榕、杨东润、吴欣遥、余晓兰、和青芳、王源经、黄新良、刘婷婷、张丹、朱沙、邓素葭、鄢良国、孙荷琴、杨晓、施滢萍……你们给予我很多无私的帮助，使得本书得以顺利完成，感谢一路上有你们的陪伴，正因为有你们，沿途的风景才格外美丽！

　　感谢我的企业合作伙伴崔立标、侯莉莉（花木兰）、周贵伟、张鑫、张铃、杨华、赵明华、张建、姚立文、崔晓黎、崔岭、张超东、董秋、姚远、白利强、张荼英、周华、时蕾、刘丽敏、孙岩、王曦彤、关洪亮……正是这些年与各位企业朋友的合作，培养了我在网络营销领域的实践技能，也使得我产生了撰写此书以帮助更多从业者的想法，是多年来你们对我的信任得以支撑我带领团队从事网络营销实践！

　　感谢我工作的学校——滇西应用技术大学，一直以来为我的发展提供各方面的支持，为我营造了一个良好的写作环境，并支持我坚持写作，最终使得本书能够顺利完成。

后 记

  感谢清华大学出版社的付潭蛟老师,对本书的选题和内容提出了宝贵的建议,为本书的出版付出了辛勤的汗水;感谢中国经济出版社及陈佳老师,曾在我主编第一本书时给我帮助和支持,是你们鼓励我完成了我人生中的第一本书!

  衷心感谢我的家人,感谢多年来你们对我的理解和支持!

  在本书的撰写过程中,还得到了很多朋友的支持和帮助,虽然未能一一对你们表示感谢,但是我的内心对你们仍充满感激。

  最后,感谢这个时代,感谢我的祖国!

教师服务

感谢您选用清华大学出版社的教材！为了更好地服务教学，我们为授课教师提供本书的教学辅助资源，以及本学科重点教材信息。请您扫码获取。

》 教辅获取

本书教辅资源，授课教师扫码获取

》 样书赠送

市场营销类重点教材，教师扫码获取样书

 清华大学出版社

E-mail: tupfuwu@163.com
电话：010-83470332 / 83470142
地址：北京市海淀区双清路学研大厦 B 座 509

网址：http://www.tup.com.cn/
传真：8610-83470107
邮编：100084